1 MONTH OF
FREE
READING

at

www.ForgottenBooks.com

By purchasing this book you are eligible for one month membership to ForgottenBooks.com, giving you unlimited access to our entire collection of over 700,000 titles via our web site and mobile apps.

To claim your free month visit:

www.forgottenbooks.com/free685004

ISBN 978-0-483-17762-8
PIBN 10685004

ARRÊTS
DU CONSEIL D'ÉTAT
DU ROI,
LETTRES-PATENTES,
ACTE DE SOCIÉTÉ,
ADMINISTRATION INTÉRIEURE
ET RÉGLEMENS,
POUR LES COMÉDIENS ITALIENS
ORDINAIRES DU ROI.

M. DCC. LXXXII.

Par exprès Commandement de Sa Majesté.

ARRÊT

DU CONSEIL D'ÉTAT

DU ROI.

Du 25 Décembre 1779.

Extrait des Regiſtres du Conſeil d'État du Roi.

LE ROI s'étant fait rendre compte de l'état des affaires de ſes Comédiens Italiens ordinaires, & s'étant fait repréſenter les différens traités de ſociété fait entr'eux, Sa Majeſté auroit reconnu que depuis pluſieurs années le Public mon-

A

troit si peu d'empressement pour voir représenter des Comédies en Langue Italienne, que les représentations de ces
Pièces ne produisoient pas même de quoi
acquitter des frais journaliers, que d'ailleurs les différentes tentatives qui avoient
été faites depuis quelque tems pour faire
venir à grands frais des Sujets d'Italie,
propres à soutenir le genre Italien en
France, auroient été presque inutiles,
parce que ce genre existe à peine dans le
Pays même où il a fait place à ce qu'on
appelle les Opéras-Bouffons, ce qui doit
faire perdre tout espoir de pouvoir remplacer à la satisfaction du Public les bons
Acteurs qui sont morts & ceux qui, à cause
de leurs longs services, feront dans le cas
de se retirer, & voulant, Sa Majesté,
conserver dans Paris un théâtre qui puisse
continuer de servir à l'amusement du Public & contribuer en même tems, soit à

faciliter & augmenter les progrès de la muſique en France & aſſurer par la même voye, non-ſeulement l'état & les fonds des Acteurs & Actrices actuellement exiſtans à la Comédie Italienne, mais encore les penſions qui ſeront dues à leur retraite. Ouï le rapport, le Roi étant en ſon Conſeil, a ordonné & ordonne ce qui ſuit.

ARTICLE PREMIER.

A compter de la clôture du Théâtre de l'année prochaine 1780, la Société des Comédiens dits Italiens ordinaires du Roi, contractée par différens actes & traités paſſés devant Notaires à Paris les 27 Octobre 1719, 7 Avril 1741, 3 Mars 1742, & 29 Avril 1754, ſera & demeurera anéantie, éteinte & ſupprimée ; ſe réſervant Sa Majeſté de pourvoir d'une maniere convenable au traitement des Comédiens jouans dans les Pièces Italiennes, foit par des penfions viageres, foit par gratifications ou indemnités s'il y a lieu.

ARTICLE II.

POUR compofer à l'avenir une nouvelle Troupe qui puiffe remplacer celle qui eft fupprimée par l'article précédent, Sa Majefté a choifi & nommé tous ceux des Acteurs & Actrices qui jouent actuellement les Comédies-Françoifes, les Pièces de chant, foit en Vaudevilles, foit en Ariettes & les Parodies, lefquels Acteurs & Actrices, à compter de la rentrée des Spectacles après Pâques de l'année prochaine 1780, continueront de repréfenter fur le même Théâtre toutes lefdites Pièces, ainfi que les Pièces nouvelles du même genre qui pourront leur être préfentées par la fuite.

ARTICLE III.

AUSSITÔT après que la lecture du préfent Arrêt aura été faite aux Acteurs & Actrices ci-deffus défignés, ils feront tenus, en conformité dudit Arrêt, de paffer pardevant Notaires un traité de Société entr'eux, lequel traité préfenté à Sa Majefté fera par Elle approuvé & confirmé s'il y échet.

ARTICLE IV.

LA nouvelle Troupe ainfi établie, fuccédera à tous les priviléges, prérogatives, propriétés & poffeffions, noms, raifons & actions qui appartenoient à l'ancienne Société, même dans la jouiffance de la penfion annuelle de quinze mille livres accordée par brevet du

de laquelle Sa Majefté veut bien accor-

der la continuation à la nouvelle Société,
& laquelle penſion ſera & demeurera
comme par le paſſé non ſaiſiſſable par aucun des créanciers particuliers deſdits
acteurs & actrices.

ARTICLE V.

EN conſéquence de l'article précédent,
la nouvelle Société ſera & demeurera
chargée de toutes les dettes valablement
contractées par l'ancienne pour le bien général & commun d'icelles, par billets,
obligations & contrats de conſtitution,
ainſi que des fonds faits par les anciens
Aſſociés, des intérêts deſdits fonds & des
penſions de retraites.

ARTICLE VI.

LES Acteurs & Actrices compoſant la
nouvelle Société, conſerveront entr'eux

le même rang dont ils étoient en poffeffion ci-devant. Il leur fera pareillement
tenu compte de tous les fonds qu'ils auront faits dans l'ancienne Société : en
conféquence ils continueront à jouir de
la part ou portion de part dont ils jouiffoient, & le tems de leur retraite, ainfi
que celui de la penfion qui y eft attachée,
continuera à courir du jour qu'ils ont été
admis & reçus dans l'ancienne Société.

ARTICLE VII.

VEUT & entend Sa Majefté que le contenu au préfent Arrêt foit exécuté felon
fa forme & teneur, & que tout ce qui y
feroit contraire foit regardé comme nul
& non avenu, ainfi qu'elle le déclare dès-
à-préfent. Mande, Sa Majefté, aux premiers Gentilshommes de la Chambre, &
aux Intendans des Menus, de tenir la

main chacun en droit foi à l'exécution du préfent Arrêt. Fait au Confeil d'État du Roi, Sa Majefté y étant, tenu à Verfailles le vingt-cinq Décembre mil fept cent foixante-dix-neuf.

Signé, **AMELOT.**

LETTRES-PATENTES

POUR la suppreſſion du genre Italien, création de la Comédie Françoiſe, & continuation de l'Opéra-Bouffon, Pièces à Vaudevilles, Parodies, &c.

Du 31 Mars 1780.

Regiſtrées en Parlement le premier Mai 1780.

LOUIS, PAR LA GRACE DE DIEU, ROI DE FRANCE ET DE NAVARRE, à tous ceux qui ces préſentes Lettres verront, SALUT. La néceſſité des Spectacles dans les grandes Villes de notre Royaume, & principalement dans notre bonne Ville de Paris, eſt un objet qui a de tout temps attiré l'attention des Rois nos prédéceſ-ſeurs, parce qu'ils ont regardé le Théâtre comme l'occupation la plus tranquille pour les gens oiſifs, & le délaſſement le

A

plus honnête pour les perſonnes occupées.
C'eſt dans cette vue qu'indépendamment
de ſes Comédiens François ordinaires,
le feu Roi, notre très-honoré Seigneur
& aïeul, avoit permis en 1716 l'établiſ-
ſement d'une troupe de Comédiens Italiens ; mais malgré les talens & le zèle
des Acteurs qui la compoſoient, ils n'eu-
rent qu'une foible réuſſite, & ce Spectacle
ne s'eſt jamais ſoutenu que par des moyens
étrangers & toujours inſuffiſans, juſqu'au
moment où, en 1762, on y a réuni l'Opéra-
Comique. Si, depuis cette époque, ce
Théâtre a été fréquenté toutes les fois
qu'on y donnoit des Opéras-Bouffons &
& autres Pièces de chant, d'un autre côté
le Public montroit ſi peu d'empreſſement
pour voir les Comédiens en langue Italienne, que, quand on les repréſentoit, le
produit de la recette ne ſuffiſoit pas,
même pour payer la moitié des frais journaliers ; d'ailleurs, comme les tentatives
réitérées qu'on a faites pour faire venir
à grands frais des Acteurs d'Italie, n'ont

produit aucun effet & qu'il ne reste plus d'espoir de remplacer les bons Acteurs morts & ceux que leurs longs services mettent dans le cas de se retirer, nous nous sommes vûs forcés de supprimer entierement le genre Italien , & nous avons pourvu au traitement des Acteurs & Actrices qui le représentoient, en leur accordant des pensions de retraite & des gratifications convenables ; mais désirant conserver dans notre bonne Ville de Paris, un Spectacle qui puisse contribuer à l'amusement du Public , nous avons établi une nouvelle troupe qui (sous le titre ancien de Comédiens Italiens) représentera des Comédies - Françoises , des Opéras-Bouffons, Pièces de chant, soit à Vaudevilles, soit à Arriettes & Parodies, & en conséquence , *Nous avons permis aux Administrateurs de notre Académie de musique , de faire à ladite nouvelle troupe un bail pour trente années du privilége de l'Opéra-Comique.* Nous nous sommes déterminés à cet arrangement d'autant plus

volontiers, que par le compte que nous
nous fommes fait rendre de l'état de ce
Spectacle depuis 1762, Nous avons re-
marqué que le genre des Pièces de chant
y avoit fait des progrès auffi rapides qu'é-
tonnans , la mufique françoife qui jadis
étoit l'objet du mépris ou de l'indiffé-
rence des étrangers, eft répandue aujour-
d'hui dans toute l'Europe, puifqu'on exé-
cute les Opéras-Bouffons François dans
toutes les Cours du Nord & même en Italie, où les plus grands Muficiens de Rome
& de Naples applaudiffent aux talens de
nos Compofiteurs François. Ce font les
ouvrages de ce genre qui ont formé le
goût en France qui ont accoutumé les
oreilles à une mufique plus favante & plus
expreffive , & qui ont enfin préparé la révolution arrivée fur le théâtre même de
notre Académie de mufique où l'on voit
applaudir aujourd'hui des chefs-d'œuvres,
dont on n'auroit ni connu ni goûté le
mérite ; fi on les y avoit joués vingt ans
plutôt, on ne peut donc pas douter que

cette révolution ne foit le fruit des
Opéras-Bouffons compofés pour la Comédie Italienne , & des efforts continuels
des Acteurs qui les ont exécutés ; parce
que confultant fans ceffe le goût du Public & cherchant à le perféctionner
comme à le fatisfaire , ils font parvenus à
rendre leur Spectacle infiniment agréable
à la nation & même aux étrangers. Si
donc il eft poffible de faire encore des
progrès dans ce genre, on doit les attendre des mêmes Compofiteurs & des mêmes Acteurs qui, encouragés par des premiers fuccès , mettront leur gloire &
leur intérêt à porter cet art auffi loin
qu'il peut aller; d'après cela, Nous avons
penfé que nous ne pouvions mieux té-
moigner à ces mêmes Acteurs la fatis-
faction que nous avons de leur fervice ,
qu'en leur donnant une confiftance folide
& légale, à l'inftar de celle de nos Comédiens-François ordinaires : par-là nous
contribuerons à augmenter le goût & les
progrès de la mufique , à entretenir l'é-

mulation parmi les Acteurs & les Gens
de lettres & à aſſurer par la même voye
non - ſeulement l'état & les fonds des
Acteurs & Actrices, mais auſſi leurs penſions de retraite. Mais en accordant ces
faveurs à nos Comédiens-Italiens, nous
ſommes bien éloignés de vouloir donner
la moindre atteinte aux priviléges que
nos auguſtes Prédéceſſeurs ont daignés
accorder à nos Comédiens-François ordinaires & ſingulierement au droit de pouvoir ſeuls repréſenter des Tragédies, nous
eſperons même que ces deux Théâtres
loin de ſe nuire, pourront ſe prêter un
mutuel ſecours & qu'ils ne diſputeront
entre eux que d'efforts & de zèle pour
mériter de plus en plus nós bontés & contribuer à l'amuſement du Public.

A CES CAUSES, & autres à ce Nous
mouvant de l'avis de notre Conſeil, de
notre certaine ſcience, pleine puiſſance
& autorité royale, Nous avons par ces
préſentes ſignées de notre main, dit, &
déclaré, diſons, déclarons & ordonnons,
voulons & nous plaît ce qui ſuit.

Artilce Premier.

Nous avons créé & établi, créons & établiſſons une troupe de Comédiens qui demeureront attachés à notre ſervice, ſous le titre de nos Comédiens - Italiens ordinaires, avec faculté de ſe qualifier, *nos Penſionnaires*. En conſéquence Nous avons agréé & confirmé, agréons & confirmons le traité de Société paſſé entre leſdits Comédiens devant le Pot - d'Auteuil & ſon Confrere, Notaires à Paris, le ſix Mars de la préſente année, voulons que ledit traité de Société ſoit obligatoire, non-ſeulement pour ceux & celles qui l'ont ſigné, mais encore pour tous les Acteurs & Actrices qui ſeront admis à l'avenir dans ladite Société, & ce à compter du jour de leur réception, duquel traité de Société expédition en bonne forme demeurera attachée ſous le contre ſcel des préſentes, pour être le tout exécuté ſelon ſa forme & teneur.

ARTICLE II.

PERMETTONS à nofdits Comédiens Italiens, à compter du 3 Avril de la préfente
année, de repréfenter à Paris fur leur
Théâtre de l'Hôtel de Bourgogne, fis
rue Françoife, ou fur tel autre Théâtre
qui fera pour eux conftruit par la fuite,
toutes les Comédies Françoifes, Pièces
de chant foit à Ariettes, foit à Vaudevilles, compofant le fond de la Comédie Italienne & de l'Opéra-Comique,
ainfi que toutes les Pièces du même genre
qui pourroient leur être préfentées par la
fuite.

ARTICLE III,

ET défirant maintenir & augmenter la
gloire du Théâtre François que nous re-
gardons comme le premier Spectacle de
la Capitale & le Théâtre de la Nation
proprement dit, Nous avons interdit &
interdifons expreffément à nofdits Comédiens Italiens la faculté de jouer aucunes

Tragédies; maintenons & gardons noſdits Comédiens François dans le droit & privilége de jouer ſeuls ces Pièces de théâtre.

ARTICLE IV.

LA part de chacun de noſdits Comédiens Italiens, dans le produit des repréſentations journalieres, déduction faite de la retenue de quart deſtiné pour leurs fonds, ſoit qu'ils ſoient faits ou à faire en conſéquence de l'Article IV de leur acte de Société, ſera divifé en quatre portions égales, dont trois ſeront libres & non ſaiſiſſables par ancuns de leurs créanciers, ſuivant l'uſage qui s'eſt toujours pratiqué dans l'ancienne Société, deſquelles trois portions libres, deux ſeront deſtinés aux alimens deſdits Acteurs, & la troiſieme à l'habillement & entretien de chacun d'eux. Et quant au dernier quart, il ſera affecté aux créanciers des Acteurs ou Actrices ſur leſquels il ſurviendra des ſaiſies.

ARTICLE V.

VOULONS pareillement que les sommes pour lesquelles les Acteurs à appointe-mens, Danseurs, Symphonistes & autres personnes attachées à la Comédie Italienne, se trouveront employés dans les états, de même que les pensions qui leur ont été accordées, & celles qui pour-ront l'être par la suite, ne puissent être saisies & arrêtées que pour un tiers seulement, & que les deux autres tiers destinés pour leur subsistance alimentaire leur soient payés par tous Trésoriers, Caissiers ou autres personnes préposées à cet effet ; nonobstant toutes saisies & oppositions, dont en tant que de besoin, nous faisons main-levée jusqu'à dû concurrence, de même & ainsi qu'il a été statué par différentes Ordonnances de nos augustes Prédécesseurs & notamment pour notre Académie de musique par les Lettres-patentes du feu Roi, du mois de

Juiu 1769, regiftrées en notre Cour de Parlement le 12 Août fuivant, exceptons de la portion faififfable, les jettons feux, mances & domeftiques & voyages de la Cour, tous lefquels objets étant cenfés payés fur le champ, ne feront point fai-fiffables par les créanciers, non plus que les falaires des gens attachés à la Comé-die fous le nom de Garçon de Théâtre & Gagiftes.

ARTICLE VI.

NE pourront pareillement lefdits Ac-teurs & Actrices aliéner ni tranfporter de leur part ou portion de part dans leurs émolumens au-delà dudit quart affecté par l'article ci-deffus à leurs créanciers, à peine de nullité des tranfports & délé-gations pour-tout ce qui excédera ledit quart.

ARTICLE VII.

TOUS les deniers qui compoferont le-dit quart deftiné aux créanciers, feront retenus par le Caiffier en cas de faifie, pour être remis chaque année à la clôture du Théâtre ès mains du Notaire de la Société, à la charge que les faifies faites ès mains du Caiffier, tiendront en celles du Notaire, fans qu'il foit befoin de les renouveller, il en fera de même des deniers deftinés au rembourfement des fonds defdits Comédiens en cas de retraite ou de décès.

ARTICLE VIII.

ET défirant prévenir & empêcher les frais que pourroient occafionner les faifies & oppofitions qui feroient faites fur lefdits Comédiens, voulons qu'il foit procédé en la forme qui fuit. 1°. Il ne pourra être formé entre les mains du Caiffier de la Comédie Italienne que de fimples oppofitions ou faifies, foit fur les Comédiens, foit fur les autres perfonnes défignées en l'Article V, fans qu'il foit befoin d'affigner ni le Caiffier pour faire fa déclaration affirmative fur lefdites faifies, ni les débiteurs pour voir déclarer les fai-

fies bonnes & valables, & feront les exploits de faifies & oppofitions vifés par
le Caiffier. 2°. Chaque année à la clôture
du Théâtre, le montant des fommes fur
lefquelles auront pu frapper les faifies
aux termes de l'Article V, fera fixé &
arrêté par une déclaration expreffe que le
Caiffier fera tenu de faire, de ce à quoi
aura monté la part ou portion de part de
chaque Comédien, laquelle déclaration
fera remife au Notaire de la Société,
après avoir été certifiée par le Caiffier
& par quatre des plus anciens Comédiens & vifée par un des Avocats du confeil de la Comédie, fans que les créanciers puiffent demander d'autre juftifica-
tion, ni la communication des regiftres
de la Société. 3°. Chaque année pendant
la clôture du Théâtre, il fera fait une
fommation extrajudiciaire à la requête du
Caiffier, à tous les créanciers oppofans
ou faififfans aux domiciles par eux élus
par leurs exploits de faifies & oppofitions,
à l'effet par lefdits créanciers de remettre

dans quinzaine au Procureur conftitué par
la Comédie, copie collationnée & certifiée par eux, de leurs titres, lefquelles
copies feront à l'inftant vifées fans dépla-
cement par ledit Procureur qui mettra fur
les originaux defdits titres la date de fon
vifa. 4°. Dans la quinzaine fuivante il fera
dreffé, fur le vu des copies collationnées,
des titres des créanciers, par le Notaire
de la Troupe, un état des diftribution &
contribution entre tous lefdits créanciers
oppofans ou faififfans, & ledit état fera
mis à exécution fur une fimple fommation extrajudiciaire faite au domicile élu
par chaque créancier, d'en prendre communication fans déplacer, en l'étude dudit Notaire & d'y adhérer, après quoi
ledit Notaire fera autorifé en vertu des
préfentes à payer à chaque créancier op-
pofant fur la repréfentation de fon titre
original vifé par le Procureur de la
Troupe, la fomme pour laquelle il aura
été colloqué dans ladite diftribution, quoi
faifant il en demeurera d'autant quitte &

déchargé. 5°. Ceux qui dans le délai ci-
deffus prefcrit n'auront pas fait vifer leurs
titres, feront en vertu des préfentes re-
jettés de la contribution à faire des deniers arrêtés, fauf à eux à fe pourvoir &
repréfenter leurs titres pour être collo-
qués fur les deniers de l'année fuivante,
& ce fans être tenus de former de nouvelles oppofitions dont nous difpenfons
pareillement les créanciers qui par l'effet
de la contribution ne feront payés qu'en
partie de leur créance, & qui fans oppofitions nouvelles feront employés dans la
contribution des deniers qui fe fera l'année fuivante. 6°. S'il furvenoit des conteftations foit fur la validité ou l'impor-
tance des titres des créanciers faififfans,
foit fur la régularité de la contribution,
elles feront jugées en la maniere accoutumée en premiere inftance par notre Châ-
telet de Paris & par appel en notre Cour
de Parlement. 7°. Voulons & entendons
qu'il ne puiffe être ordonné aucune con-
fignation des deniers faifis, & portés ès

mains du Notaire de la Société, à l'effet
de quoi nous avons dérogé & dérogeons
à cet égard à tous Edits & Déclarations
au contraire.

ARTICLE IX.

DÉFENDONS expreſſément à ladite Société de faire à l'avenir aucun emprunt,
ſi ce n'eſt pour dépenſes forcées, & non
par de ſimples billets, mais par contrats
de conſtitution, autant que faire ſe pourra
ou par obligations dans leſquels ils ne
pourront affecter & hypothéquer leurs
biens perſonnels, mais ſeulement le produit des Repréſentations & les fonds de
la Troupe, ainſi qu'il a été toujours pratiqué dans l'ancienne Société. Leſdits contrats ou obligations feront ſignés par les
Comédiens & ne pourront être paſſés que
pardevant le Notaire de la Troupe qui
en gardera minutte ; le tout en vertu d'une
délibération en bonne forme qui ſera priſe
au moins par les deux tiers des Acteurs
compoſant la Société, en préſence & de
l'avis

l'avis des Avocats compofant le confeil de ladite Troupe, & feront lefdites délibérations remifes au Commiffaire des Menus & fon repréfentant, pour être par lui préfenté à notre premier Gentilhommë de la Chambre en exercice, lequel donnera les ordres néceffaires à ce fujet. Déclarons nuls & de nul effet tous les contrats & obligations qui ne feroient pas faits dans la forme prefcrite par le préfent article.

A R T I C L E   X.

ET à l'égard des billets & obligations actuellement fubfiftans, Nous ordonnons qu'à la rentrée du Théâtre de la préfente année, il en foit fait un état exact, contenant le montant, la date & le nom des créanciers, porteurs defdits billets & obligations, en préfence de fix des plus anciens Acteurs; fuivant l'ordre de leur réception. Voulons qu'enfuite lefdits billets & obligations foient convertis en contrats de conftitution, ou au moins re-

B

nouvellés au plus longues échéances que faire fe pourra par lefdits fix Acteurs auxquels la Troupe donnera fa procuration à cet effet, afin que pendant ce délai, la troupe puiffe troùver la facilité d'emprunter à conftitution de rente pour rembourfer lefdits billets & obligations.

ARTICLE XI.

VOULONS & entendons que nofdits Comédiens Italiens foient tenus de repréfenter chaque jour, fans que fous aucun prétexte ils puiffent s'en difpenfer.

ARTICLE XII.

ET renouvellant en tant que de befoin les difpofitions de la Déclaration donnée par Louis XIII notre très - honoré Seigneur & trifayeul, en faveur des Comédiens le 16 Avril 1641. Nous enjoignons très - expreffément à nofdits Comédiens Italiens de regler tellement leurs repréfentations théâtrales que la religion, les bonnes mœurs & l'honnêteté publique n'en puiſſent ſouffrir la moindre atteinte, & en ce faiſant, nous voulons & entendons que l'exercice de leur profeſſion ne puiſſe leur être imputé à blâme, ni préjudicier à leur réputation dans le commerce public.

ARTICLE XIII.

IL ſera inceſſamment pourvu au ſurplus de l'adminiſtration, police & diſcipline intérieure de ladite Troupe, par un réglement particulier qui ſera fait par nos premiers Gentilhommes de la Chambre, & que nous voulons être exécuté de même que s'il étoit contenu dans ces préſentes. SI DONNONS EN MANDEMENT, à nos amés & féaux Conſeillers, les Gens tenant notre Cour de Parlement à Paris, que ces préſentes ils aient à faire regiſtrer & le contenu en icelles exécuter ſelon ſa forme & teneur, ceſſant & faiſant ceſſer tous troubles & empêchemens, & nonobſtant toutes choſes à ce contraires. CAR TEL

EST NOTRE PLAISIR, en témoin de quoi nous avons fait mettre notre fcel à ces préfentes. Donné à Verfailles le trente-unième jour du mois de Mars l'an de grace mil fept cent quatre-vingt. Et de notre regne le fixième. *Signé*, L O U I S. Au-deffous par le Roi, AMELOT, avec paraphe.

Au-deffous eft écrit. Regiftrées ce confentant le Procureur-Général du Roi, pour jouir par les impétrans de leur effet & contenu, être exécutées felon leur forme & teneur, fuivant l'Arrêt de ce jour. A Paris en Parlement ce premier Mai 1780. *Signé*, ISABEAU, avec paraphe.

Acte de Société de Comédiens Italiens.

PARDEVANT les Conseillers du Roi, Notaires à Paris, soussignés.

Sont comparus Messieurs :

Charles Bertinazzi, dit Carlin, demeurant à Paris, rue Neuve & Paroisse Saint Eustache.

Jean-Baptiste Clairval, demeurant rue Comtesse d'Artois, Paroisse S. Eustache.

Antoine Trial, demeurant rue de Picquepus, Paroisse Sainte Marguerite.

Nicolas Suin, demeurant rue du Petit-Lyon, Paroisse Saint Sauveur.

Joseph Dorsonville, demeurant rue Pavée, Paroisse Saint Sauveur.

Pierre - Marie Narbonne, demeurant rue du Four, Paroisse Saint Eustache.

Joseph-Philippes-Thomas Ménié, demeurant rue Françoise, Paroisse Saint Sauveur.

Antoine Vifcentini , dit Thomaffin, demeurant rue du Petit - Lyon , Paroiffe Saint Sauveur.

Louis Michu, demeurant rue Montorgueil, Paroiffe Saint Euftache.

René Lecoupey de la Roziere , demeurant rue Montorgueil , Paroiffe Saint Euftache.

Demoifelles:

Marie - Jeanne Milon , époufe dudit fieur Trial, demeurante rue de Picquepus , Paroiffe Sainte Marguerite.

Catherine-Urfule Buffa, époufe du fieur Michel Billiony, demeurante rue Françoife, Paroiffe Saint Sauveur.

Frédérique-Louife Serhender , époufe du fieur Jean - Michel Moulinghen, demeurante rue Françoife, Paroiffe Saint Sauveur.

Colombe Rigieri , demeurante rue Mauconfeil, Paroiffe Saint Euftache.

Rofalie Lefevre, époufe du fieur Dugafon, demeurante rue Thevenot, Paroiffe Saint Sauveur.

Sophie Dufayel, demeurante rue des Martyrs, Fauxbourg Montmartre, Paroiſſe Saint Pierre.

Charlotte-Roſalie Pitrot, demeurante Fauxbourg Montmartre, Paroiſſe Saint Pierre.

Françoiſe Carpentier, épouſe du ſieur Charles - Adrien Gonthier, demeurante rue Françoiſe, Paroiſſe Saint Sauveur.

Tous actuellement Comédiens Italiens ordinaires du Roi, aſſemblés extraordinairement par ordre de Sa Majeſté, dans leur Hôtel ſis à Paris, rue Françoiſe, Paroiſſe Saint Sauveur.

Leſquels ont dit que depuis le rétabliſſement de la Comédie Italienne à Paris, fait en 1716, il avoit été formé entre les différens Acteurs & Actrices qui l'ont compoſée ſucceſſivement, pluſieurs actes ou traités de ſociétés, l'un le 27 Octobre 1719, homologué par Arrêt du 13 Décembre ſuivant ; le ſecond le 7 Avril 1741, homologué par Arrêt du 13 Mai

de la même année ; le troifieme le 3
Mars 1742, homologué par Arrêt du 19
du même mois; & enfin un quatrieme le
29 Avril 1754, homologué par Arrêt du
19 Février 1756. En conféquence defquels actes de fociété , la Société des
Comédiens Italiens avoit été adminiftrée
jufqu'à préfent.

Qu'en 1762, lefdits Comédiens ob-
tinrent fous le bon plaifir du Roi, le bail
pour dix-huit années, à commencer du
1er. Janvier 1767, du privilége de l'O-
péra-Comique, moyennant une fomme
de trente mille livres de loyer par an.
Que les chofes étant dans cette difpofition, il eft intervenu le 25 Décembre
dernier un Arrêt du Confeil d'État du Roi,
par lequel Sa Majefté s'étant fait rendre
compte de l'état des affaires de fes Comédiens Italiens ordinaires , & s'étant
fait repréfenter les traités de Société de
1719, 1741, 1742 & 1754, elle auroit
ordonné

1°. Qu'à compter de la clôture du Théâtre de l'année 1780, la Société defdits Comédiens Italiens, contractée par les actes fufdatés, fera & demeurera anéantie, éteinte & fupprimée fous les referves portées audit Arrêt.

2°. Que pour compofer une nouvelle Troupe, tous les Acteurs & Actrices exiftans & faifant partie de l'ancienne Société qui jouent actuellement les Comédies Françoifes, Pièces de chant & Parodies, continueroient à compter de la rentrée des Spectacles de l'année 1780, de repréfenter fur les mêmes Théâtres lefdites Comédies-Françoifes, Pièces de chant, foit en Arriettes, foit en vaudevilles & les Parodies, ainfi que toutes les Pièces nouvelles du même genre, qui pourroient leur être préfentées dans la fuite.

3°. Qu'auffitôt après que ledit Arrêt du Confeil aura été lu auxdits Acteurs & Actrice ci-deffus défignés, affemblés à cet effet, ils feront tenus de paffer un traité de Société entr'eux, pardevant Notaires, lequel traité , repréfenté à Sa Majefté, fera par Elle confirmé & approuvé s'il y échet.

4°. Que la nouvelle Société, ainfi établie, fuccédera en tous les priviléges, prérogatives, droits de propriété & de poffeffion , noms, raifons, & actions qui appartiennent à l'ancienne Société, même dans la jouiffance de la penfion de quinze mille livres par an à elle accordée par le feu Roi , de laquelle Sa Majefté veut bien accorder la continuation à la nouvelle Société, fous la condition expreffe que ladite penfion fera & demeurera comme par le paffé , non-faififfable par les créanciers particuliers defdits Acteurs & Actrices.

5°. Qu'en conféquence de l'article précédent, la nouvelle Société fera tenue & chargée de toutes les dettes de l'ancienne , contractées valablement pour le bien général & commun d'icelle , par billets, obligations & contrats de conftitution, ainfi que des fonds faits par les anciens affociés & des penfions de retraite.

6°. Que les Acteurs & Actrices conferveront entr'eux les mêmes rangs qu'ils avoient ci-devant ; qu'il leur fera tenu compte dans la nouvelle Société, des 'fonds qu'ils auront faits dans l'ancienne pour leur part ou portion de part ; qu'en conféquence ils continueront de jouir de la même part ou portion de part, dont ils jouiffoient auparavant, & que le tems de leur retraite ainfi que celui de la penfion qui y eft attachée, continuera de courir à compter du jour qu'ils ont été admis & reçus à part ou portion de part dans l'ancienne Société.

En conféquence duquel Arrêt du Confeil, & pour obéir aux ordres de Sa Majefté qui y font exprimés, après lecture faite dudit Arrêt, dont copie collationnée fera rapportée & dépofée à Me le Pot-d'Auteuil par acte enfin de la minute des préfentes, tous lefdits Acteurs & Actrices ci-deffus nommés & domiciliés, ont tant pour eux que pour leurs fuccef-feurs. Fait & arrêté entr'eux un traité de Société aux conditions qui fuivent.

ARTICLE PREMIER.

A commencer du 1er. Avril de la pré-fente année 1780, tous lefdits Acteurs & Actrices feront & demeureront affociés entr'eux en toutes pertes & profits, pour repréfenter fur leur Théâtre de l'Hôtel de Bourgogne, fis à Paris, fufdite rue Françoife, ou fur tel autre Théâtre qui féroit conftruit par la fuite à cet effet, toutes les Comédies - Françoifes, Pièces de chants en Vaudevilles ou en Arriettes & les Parodies, le tout compofant le fond du Théâtre de la Comédie Italienne & de celui de l'Opéra-Comique, tout ainfi & de même qu'elles ont été ou qu'elles ont dû être repréfentées jufqu'à préfent, ainfi que toutes les Pièces du même genre qui pourront leur être pré-fentées par la fuite.

ART. II.

Le fond de ladite Société fera de trois cent mille livres , qui feront partagées en vingt parts égales , chaque part intégrante fera de quinze mille livres , & chacune defdites parts fera fufceptible de divifions en trois quarts , demi-part & quart de part.

ART. III.

En conféquence de cette fixation , chaque Acteur ou Actrice , qui fera admis & reçu à part ou portion de part dans ladite Société , fera tenu de fournir & payer la fomme de quinze mille livres pour une part entiere , fept mille cinq cent pour une demi-part & ainfi à proportion , entre les mains du Caiffier de la Société qui fera tenu de s'en charger en recette.

ART. IV.

Les deniers provenans des fonds que feront les Acteurs ou Actrices , en conféquence de l'article précédent , feront em-

ployés à mefure qu'ils feront retenus au
rembourfement des fonds dûs aux Acteurs ,
& Actrices, retirés ou à l'acquit des anciennes dettes de la Société, en obfervant néanmoins de rembourfer toujours
par préférence les billets ou obligations,
& ce en vertu de délibérations prifes dans
une affemblée générale de la Société,
fans qu'il foit permis, fous quelque prétexte que ce puiffe être, d'employer lefdits deniers à aucun autre ufage.

ART. VI

Pour faciliter auxdits Acteur & Actrice
le paiement de leurs fonds de quinze
mille livres, il leur fera retenu par chaque année, fur le produit de leurs émolumens, & ce par privilége & préférence
à tous leurs créanciers particuliers, jufqu'à la concurrence de mille livres pour
chaque part entiere, de cinq cent livres
pour une demi-part, & ainfi à proportion,
(à moins qu'ils ne veuillent faire chaque

année, le paiement de ladite fomme dè leurs propres deniers) defquels fonds les intérêts leur feront payés par le Caiffier à la clôture du Théâtre de chaque année fur le pied du denier dix, fans aucune retenue des impofitions préfentes & avenir ; il a été convenu que les retenues fur le produit defdits émolumens ne pourront être faites, favoir que d'un tiers defdites mille livres , cinq cent livres ou autres à proportion, pendant les fix premiers mois de chaque année théâtrale, à compter du 1er. Avril, & des deux autres tiers pendant les fix autres mois, le tout par portion égale par chaque mois, de chacun defdits termes; le montant defquelles retenues ainfi faites par le Caiffier, reftera entre fes mains, pour être employé, conformément à l'article IV ci-deffus, à peine par ledit Caiffier de répondre en fon propre & privé nom des fommes dont il auroit obmis de faire la retenue.

A R T. V·I.

Et attendu que par l'Article V I de l'Arrêt du Conseil fufdaté, la préfente Société fuccede en tous les droits actifs & dans la propriété des fonds de celle qui a été fupprimée & anéantie par ledit Arrêt ; il a été expreffément convenu & arrêté que tous les Acteurs & Actrices compofant la préfente Société, conferveront entr'eux leur rang de réception, qu'ils continueront à jouir de leur part ou portion de part, telles qu'ils les avoient dans l'ancienne Société ; en conféquence qu'il leur fera tenu compte de tous les fonds par eux ci - devant faits proportionnellement à leur part & le tems de leur retraite, ainfi que le droit à la penfion qui y eft attaché, continueront à courir du jour qu'ils ont été admis & reçus dans l'ancienne Société, à part ou portion de part.

A R T.

Art. VII.

Aucun Acteur & Actrice ne pourra prétendre le remboursement de ses fonds si ce n'est dans le cas de décès d'aucun d'eux , sera fait à leurs héritiers ou ayans - causes , & ce dans le cours de l'année , à compter de la date de leur retraite ou de leur décès , & les intérêts desdits fonds & portions de fonds, seront payés par le Caissier jusqu'au jour du remboursement actuel & effectif , soit auxdits Acteurs & Actrices , ou leurs créanciers en cas de retraite , soit à leurs héritiers dans le cas de retraite , & le remboursement , & ayant - cause en cas de décès , francs & quittes de toutes charges & impositions.

Art. VIII.

Si les Acteurs & Actrices pendant qu'ils seront dans la présente Société , aliennent ou engagent les fonds de leur part & portion de part , leurs créanciers particuliers ne pourront exiger de la Société , le remboursement desdits fonds , si ce n'est dans

C

les deux cas prévu par l'article précédent, de retraite ou de décès des Acteurs
ou Actrices leurs débiteurs.

Art. IX.

Tous les Acteurs & Actrices qui feront
renvoyés après quinze années de fervice,
jouiront de mille livres de penfion via-
gere pour part entiere de fept cent cinquante livres pour trois quarts de part,
cinq cent livres pour demi - part, &c.
laquelle leur fera payée annuellement par
le Caiffier de la Société, fans aucune
retenue de fix en fix mois, à compter du
jour de la date des ordres de Meffieurs
les premiers Gentilshommes de la Chambre, fur lefquels ordres feront expédiés
des contrats de conftitution defdites rentes
aux Acteurs & Actrices retirés.

Art. X.

Il fera libre aux Acteurs & Actrices
de fe retirer après quinze années de fer-

vîce, & dans ce cas, ils jouiront de la penſion de mille livres s'ils ont part entiere & au prorata, ſuivant leur portion de part, laquelle penſion ſera conſtituée à leur profit, conformément à l'article précédent, néanmoins ceux deſdits Acteurs & Actrices dont le travail & les talens ſeront jugés utiles & néceſſaires après leſdites quinze années révolues, ne pourront ſe retirer, mais ils auront quinze cent livres de penſion en continuant par eux leurs ſervices pendant dix autres années.

ART. XI.

Et néanmoins s'il ſurvient à quelqu'autre Acteur ou Actrice avant ledit tems de quinze années, quelques accidens ou infirmités habituelles, qui les mettent hors d'état de continuer leur ſervice, ladite penſion ſera conſtituée à leur profit à raiſon de mille livres pour ceux qui auront part entiere, cinq cent livres pour ceux qui n'auront que demi-part, & ainſi à proportion, & ce en conféquence d'une délibération fignée de tous ceux qui compoferont alors la Société, pour leur être payée ainfi qu'il eft expliqué dans l'article ci-deffus, à compter du jour & date des ordres de M. le premier Gentilhomme de la Chambre, en exercice.

Comme tous les Acteurs & Actrices retirés depuis mil fept cent foixante-neuf, ont obtenu de l'ancienne Société une penfion de quinze cent livres dont plufieurs jouiffent encore à préfent, & que c'eft fur la foi de ce traité & dans l'efpérance d'en obtenir autant que tous les Acteurs & Actrices qui compofent actuellement la préfente Société, ont engagé leurs fervices & les continuent; il a été convenu expreffément qu'ils jouiront tous de ladite penfion de retraite fur le pied de quinze cent livres, dans les cas exprimés & prévus par les articles ci-deffus, & ce fans tirer à conféquence pour tous les Acteurs & Actrices qui entreront à l'avenir dans la préfente Société, tous

lefquels ne pourront prétendre que la
penfion de retraite de mille livres, ainfi
qu'il eft porté aux fufdits articles.

Art. XII.

Il fe tiendra chaque femaine à un jour
réglé, une affemblée générale de tous
ceux qui compoferont la Société, à l'effet
principalement de faire & rédiger le Répertoire des Pièces qui doivent être jouées
pendant la femaine, & de régler enfuite
les affaires courantes & ordinaires, fauf
à indiquer d'autres affemblées extraordinaires quand il en fera befoin, foit pour
la lecture des Pièces nouvelles, l'examen
des comptes & autres objets qui intéref-
feront la Société. Chaque Acteur ou Actrice qui affiftera auxdites affemblées, recevra deux jetons pour fon droit de préfence, qui lui fera compté chaque fois à
la fin de l'affemblée, & ceux qui ne fe
trouveront pas à l'heure précife indiquée,
feront privés de leurs jetons.

Art. XIII.

Il y aura toujours trois Semainiers qui ferviront fuivant l'ordre de leur récep-tion, & dont le plus ancien de chaque femaine fortira de fonction & fera remplacé par le plus ancien des deux reftans, & ainfi fucceffivement de femaine en femaine. Les fonctions defdits Semainiers confifteront dans l'Adminiftration, police intérieur & difcipline de la Société, ainfi qu'il eft porté à l'article III du Réglement fait en 1774 pour l'ancienne Société, par Meffieurs les premiers Gentilshommes de la Chambre, lequel Réglement, en attendant qu'il en ait été fait un autre, fervira de regle & de loi pour la préfente Société.

Art. XIV.

Arrivant le cas de retraite ou de décès d'un Acteur ou d'une Actrice, le premier Semainier fe retirera par devers celui de Meffieurs les premiers Gentilshommes de la Chambre, qui fera alors en exercice, pour que fur le rapport qui fera par lui fait à Sa Majefté, il puiffe ordonner des parts & portions vacantes par brevets particuliers, expédiés par M. le Commiffaire - Général de la Maifon du Roi, dans la partie des Menus.

ART. XV.

L'Adminiftration intérieure de la Société, relativement à la comptabilité, continuera de fe faire comme elle fe faifoit dans l'ancienne Société, fuivant le plan qui en a été dreffé à cet effet, lequel plan après avoir été certifié véritable, figné & paraphé par tous les Acteurs & Actrices, fera & demeurera annexé à la minute des préfentes.

ART. XVI.

La recette générale fera faite par un feul Caiffier qui fera nommé par une délibération fignée de tous les Membres qui compoferont la Société, & qui fera

tenu de préfenter une caution folvable
de la valeur de foixante mille livres, laquelle caution fera examinée & difcutée
dans une affemblée tenue à cet effet en
préfence des Avocats compofant le Confeil de la Troupe ; auquel Caiffier les Receveurs particuliers des differens Bureaux,
feront tenus de rendre compte & de remettre chaque foir après le Spectacle,
tout ce qu'ils auront reçu, de même que
le Contrôleur fera tenu de lui remettre
ainfi chaque foir, l'état des crédits, arrêté & figné par les Semainiers, en conféquence de quoi le Caiffier tiendra un
regiftre exact tant de la recette effective
que defdits crédits jour par jour, lequel
regiftre fera arrêté & figné chaque jour
par le plus ancien des Semainiers, & un
double pour le contrôle de ladite recette,
fera tenu par ledit Semainier plus ancien,
& chacun defdits regiftres fera figné à la
premiere & derniere feuille, & paraphé
à la fin de fes feuillets par M. le Com-
miffaire-Général des Menus ; le même

Caiffier fera également chargé de la recette des loges à l'année & des abonnemens, pour raifon de quoi il aura un regiftre particulier tenu, figné & paraphé
en la forme qui vient d'être indiquée ci-
deffus.

Et attendu que le fieur Charles Duro-
zoir, Caiffier actuel de la Comédie Italienne, a été nommé par une délibération en bonne forme, & approuvée des
Supérieurs, & que par acte paffé devant
le Pot-d'Auteuil, l'un des Notaires fouffignés, le 17 Octobre 1774, il a été dépofé à la caiffe de la Comédie une fomme
de foixante-mille livres pour lui tenir lieu
de cautionnement ; tous les comparans
ont confirmé & confirment ledit Sr Duro-
zoir dans ladite qualité de Caiffier, dont
il continuera de faire les fonctions pour
le compte de la nouvelle Société, comme
il les rempliffoit pour le compte de l'ancienne.

ART. XVII.

Les déniers de la recette effective, ainfi que les regiftres de caiffe, feront renfermés dans le coffre-fort qui eft dans l'Hôtel des Comédiens, lequel coffre fermera à deux clefs, dont une demeurera ès mains du plus ancien des Semainiers en exercice, & l'autre en celles du Caiffier.

ART. XVIII.

Comme le Caiffier fera feul chargé de la recette, il fera auffi chargé feul de toute la dépenfe, mais il ne pourra faire aucuns paiemens que fur des mandemens fignés des trois Semainiers & de fix perfonnes au moins, Acteurs & Actrices de la Société, il tiendra un regiftre exact de la dépenfe jour par jour, duquel regiftre fera tenu un double par le Semainier, pour fervir de contrôle, lefdits deux regiftres dans la même forme qui a été prefcrite pour la recette à l'article XV ci-deffus. Et celui du Caiffier, feront, comme dit eft, renfermé dans le coffre-fort.

ART. XIX.

A l'égard des regiftres de contrôle, de
la recette & de la dépenfe, le Semainier
le plus ancien en exercice fera tenu de
les renfermer chaque jour dans une des
armoires de la Salle des affemblées.

ART. XX.

Pour éviter la multiplicité des quittances, le Caiffier dreffera à la fin de
chaque mois des états des gages & appointemens, foit des Gagiftes, foit des
autres Employés au fervice de la Société,
lefquels feront émargés par chacun defdits Gagiftes & Employés, après néanmoins qu'ils auront été arrêtés & fignés
par les trois Semainiers.

ART. XXI.

S'il arrivoit que les mémoires des ouvriers & fourniffeurs ne puiffent être ac-
quittés en entier fur le produit de la recette du mois, il en fera dreffé un état

double, dont un fera remis à M. le Commiſſaire - Général des Menus, & l'autre,
reſtera ès mains du plus ancien Semainier
en exercice, & fera le montant defdits
mémoires acquitté autant que faire ſe
pourra, des premiers deniers du mois fuivant.

ART. XXII.

A la fin de chaque mois, les regiſtres
de recette & dépenſe, ainſi que ceux du
contrôle, feront repréſentés à M. le Commiſſaire des Menus, pour être par lui vi-
ſés & arrêtés.

ART. XXIII.

Sur le produit de la totalité de la recette feront prélevés :

1°. La redevance dûe à l'Hôpital Général & à l'Hôtel-Dieu, connu fous le
nom de quart des Pauvres.

2°. Les penſions viageres dont la Société fera chargée.

3°. Les intérêts des fonds ou portions
de fonds, ainſi qu'il eſt expliqué à la fin
de l'article VII ci-deſſus.

4°. Le rembourfement des fonds dûs aux Acteurs & Actrices retirés ou morts.

5°. Le loyer du privilége de l'Opéra-Comique dû par la Société à l'Académie Royale de Mufique, en conféquence du bail qui en a été fait par délibération de la Ville de Paris, du 28 Septembre dernier, homologué par Arrêt du Confeil d'État du Roi, du 16 Octobre fuivant.

6°. Les arrérages des rentes conftituées par la Société, au profit de différens particuliers.

7°. Les appointemens du Caiffier, des Receveurs particuliers, des Employés & Gagiftes.

8°. Et finalement tous les frais ordinaires & extraordinaires qui font à la charge commune de la Société.

Et quant au furplus du produit de ladite recette, il fera divifé & partagé en vingt portions égales & diftribué auxdits Acteurs & Actrices à proportion des parts ou portion de part que chacun d'eux a dans ladite Société.

Art. XXIV.

A l'égard de la penſion de quinze mille
livres par an accordée par le feu Roi,
dont Sa Majeſté a eu la bonté d'aſſurer
la continuation à la préſente Société par
l'article IV de l'Arrêt du Conſeil ſuſdaté,
les deniers en ſeront pareillement parta-
gés en vingt portions égales, & diſtribuées
conformément à l'article précédent ; mais
comme cette penſion n'eſt accordée qu'à
raiſon du ſervice perſonnel de chacun des
Membres de la Société, & qu'elle n'eſt
quelquefois payée qu'un ou deux ans après
ce ſervice, la répartition s'en fera dans
la proportion exprimée ci-deſſus à ceux
qui compoſoient la Société dans le cours
de l'année ſur laquelle tombe ladite penſion, comme ſi elle avoit été payée à la
fin de cette même année, & chaque portion ſera & demeurera non-ſaiſiſſable par
aucuns des créanciers particuliers deſdits
Acteurs & Actrices, conformément aux
intentions de Sa Majeſté, expliquées audit article IV dudit Arrêt du Conſeil.

ART. XXV.

Les exploits des faifies & oppofitions
qui feront faites fur les Acteurs & Actrices
feront portées par le Caiffier fur deux
regiftres, dont un reftera en fes mains,
& l'autre entre celles du Notaire de la
Société, fur lefquels regiftres il fera fait
mention de la main-levée defdites faifies
& oppofitions, & les exploits de toutes
lefdites faifies & main-levée feront mis
& confervés dans l'armoire fermant à clef
qui eft dans la chambre où fe tiennent les
affemblées.

ART. XXVI.

S'il étoit néceffaire d'occuper ou de
défendre fur lefdites faifies, elles feront
remifes par le Caiffier ès mains des Pro-
cureurs de la Société, à l'effet de quoi la
Société a nommé & conftitué Me Formé,
pour fon Procureur au Parlement, &
Me Chollet, pour fon Procureur au Châ-
telet.

ATR. XXVII.

Chaque année à la clôture du Théâtre il sera dreſſé par le Caiſſier trois états, dont l'un contiendra les parts & portions de part de chaque Acteur & Actrice dans la préſente Société, & ce qui en aura été acquitté ou reſtera à en acquitter, le ſecond contiendra les dettes paſſives de la Société, & le troiſieme les penſions viageres dont elle ſe trouvera lors chargée, leſquels états ſeront approuvés, arrêtés & reconnus par tous les Membres compoſant la Société ; & rendus au Caiſſier après avoir été tranſcrits ſur le regiſtre des délibérations, lequel ſera renfermé par le plus ancien des Semainiers dans l'armoire, étant dans la chambre des aſſemblées & de la conſervation duquel regiſtre le premier Semainier demeurera perſonnellement garant.

ART.

Art. XXVIII.

Il sera fait incessamment par le Notaire de la Société, un inventaire par bref état de tous les titres papiers & archives à elle appartenans, tous lesquels seront remis dans des boêtes étiquetées chacune des cottes qu'elles contiendront & seront lesdites boêtes, ainsi qu'une expédition dudit inventaire, renfermées dans une des armoires de la chambre des assemblées, laquelle armoire sera fermante à deux clefs, dont une demeurera entre les mains du plus ancien des Semainiers, & l'autre en celles du Notaire de la Société qui gardera par devers lui l'autre double dudit inventaire.

Art. XXIX.

Il ne pourra être retiré aucuns titres ni papiers de ladite armoire, qu'en vertu d'une délibération signée de trois Semainiers & de trois autres anciens Acteurs, & sur le récépissé de ceux qui retireront lesdits titres & papiers, lesquels récépis-

D

fés demeureront au lieu & place jufqu'à ce qu'ils aient été rapportés, & le rapport en fera conftaté en marge defdites délibérations par une mention fignée defdits Semainiers & anciens Acteurs.

Art. XXX.

Le Confeil de la Société fera compofé dorénavant de deux anciens Avocats au Parlement, & d'un Avocat au Confeil; en conféquence tous les Acteurs & Actrices compofant la préfente Société, ont nommé & choifi Mrs Beaffe de la Broffe, Jabineau de Lavoute, Racine & Clos, anciens Avocats en Parlement, & Me Brunet, Avocat au Confeil, & dans le cas de décès d'un de fes Meffieurs, il y fera pourvu par une délibération à la pluralité des voix.

Art. XXXI.

Pour conftater l'état actuel de la Société, il fera dreffé au premier Avril 1781, un état général contenant 1°. une lifte de tous les Acteurs & Actrices ac-

tuellement compofans la préfente Société, avec la date de leur réception, les
parts ou portions de part qu'ils ont dans
ladite Société, chaque part entiere étant
comme on l'a dit ci-deffus, article II, de
quinze mille livres; 2°. les fommes ac-
quittées jufqu'audit jour par chacun defdits Acteurs & Actrices, fur le fonds de
quinze mille livres que chacun d'eux eft
obligé de faire aux termes de l'article IV
ci-deffus, & les fommes qui reftent à acquitter pour completter lefdits fonds;
3°. les dettes de la Société par contrats,
billets & obligations, avec les noms des
créanciers; 4°. les penfions viageres dûes
aux Acteurs & Actrices retirés, dont la
Société eft chargée aux termes de l'article IX ci-deffus; 5°. celles dont ladite
Société eft chargée envers différens Gagiftes & Employés, retirés à titre de ré-
compenfes de fervices; 6°. les charges
annuelles, le détail des appointemens &
gages de tous les Employés; 7°. & enfin
le détail de tous les frais & dépenfes tant

fixes que cafuelles, que la Société eſt obli-
gée d'acquitter.

Lequel état fera préfenté au Notaire
de la Société, & demeurera après avoir
été des Acteurs & Actrices certifié véritable, figné & paraphé en préfence des
Notaires, annexé à un acte qui fera dreſſé
au pied de la minute des préfentes.

Art. XXXII.

Leſdits Acteurs & Actrices confidérant
l'intérêt qu'ils ont d'accélerer le paiement des dettes de leur Société, & d'opé-
rer leur entiere libération, n'ont point
trouvé de moyens plus facile ni moins
onéreux que celui d'abonner un certain
nombre de places ou droits d'entrée au
Spectacle, moyennant une fomme à une
fois payer.

En conféquence & fous le bon plaifir
de Sa Majefté, lefdits comparans ont arrêté & font convenus qu'il fera abonné le
nombre de cinquante places ou droits d'entrée à leur Spectacle, moyennant la

fomme de trois mille livres par chaque place, dont l'abonné jouira fa vie durant, fans pouvoir céder ni tranfporter fon droit à qui que ce foit, defquels abonnemens il fera paffé acte par tous les Comédiens & tenu un regiftre particulier, & il a été convenu expreffément que les deniers qui proviendront defdits abonnemens feront employés entierement & uniquement à l'acquit des dettes de la Société.

Art. XXXIII.

En conformité des ordres du Roi, portés aux articles III & VII de l'Arrêt du Confeil fufdaté, il fera inceffamment remis à M. le Commiffaire des Menus une expédition en bonne forme du préfent traité, pour être par lui préfenté à Meffieurs les premiers Gentilshommes de la Chambre, qui feront priés d'en faire le rapport à Sa Majefté, en la fuppliant de l'agréer & confirmer.

Le tout a été ainſi convenu & arrêté,
promettant, obligeant, renonçant. Fait
& paſſé à Paris, en la Salle d'Aſſemblée
de là Comédie Italienne, l'an mil ſept
cent quatre - vingt, le ſix Mars, & ont
ſigné la minute des préſentes, demeurée
à Mᵉ le Pot-d'Auteuil, l'un des Notaires
ſouſſignés. *Signé*, LE POT - D'AUTEUIL,
avec paraphe. En marge eſt écrit, ſcellé
leſdits jour & an, avec paraphe.

*Regiſtré ce conſentant le Procureur Gé-
néral du Roi, pour jouir par les y dénom-
més de ſon effet & contenu, & être exécuté
ſelon ſa forme & teneur, ſuivant l'Arrêt
de ce jour. A Paris, en Parlement, le premier Mai mil ſept cent quatre-vingt.*
       Signé, ISABEAU, *avec paraphe.*

PLAN de l'Adminiftration intérieure de la Comédie Italienne, relativement à la comptabilité.

RECETTE JOURNALIERE.

LA recette journaliere fera de deux fortes. 1°. Les billets diftribués aux bureaux par un Prépofé par la Compagnie, lequel aura en fa garde toutes fortes de billets & de contre-marques quelconques, & qui en fera la diftribution aux Buraliftes à 3 heures.

2°. Les loges louées par jour par le Prépofé.

Le produit de ces deux recettes fe mettra le foir dans les mains du Caiffier au moment où l'on fait le compte, en préfence d'un Semainier affiftant, & du Secrétaire de la Comédie.

Il en fera tenu trois regiftres.

1°. Celui particulier au Caiffier, c'eft-à-dire, fon journal de recette & dépenfe.

2°. Le regiſtre des Comédiens, tenu par le Secrétaire, ſur lequel on porte en détail tous les articles de la recette du jour, compoſée tant de billets de premieres, ſecondes, troiſièmes, Parterre, Loges journalieres, que des ſupplémens. Sur ce même regiſtre ſeront inſcrites toutes les Perſonnes qui ont jouées dans le jour même, afin de pouvoir compter leurs manſes, & le compte ainſi fait, ſera ſigné ſur ce regiſtre par le Caiſſier & le Semainier aſſiſtant.

3°. Un regiſtre particulier tel que celui qui étoit tenu précédemment par le ſieur Zanuzzi, & qui ſera tenu à l'avenir par un des Comédiens, ou par telle autre perſonne intelligente, que les Comédiens jugeront à propos de nommer à cet effet, & ce regiſtre ſervira de contrôle & de vérification aux deux premiers. Les feuilles des Bureaux ſeront auſſi remiſes au même Comédien ou Prépoſé qui remplacera le ſieur Zanuzzi, & gardées aux archives comme pièces juſtificatives des recettes journalieres.

S'il fe trouve des crédits dans la recette du jour, foit par des loges louées ou billets d'Auteurs ou des Comédiens, au-deffus de ce qui eft porté par le Régle-ment, ces crédits feront marqués fur le regiftre des Comédiens, & enfuite portés par le Comédien ou Prépofé ci-deffus, fur un regiftre particulier à ce deftiné, & en marge duquel on portera les rentrées defdites fommes à mefure qu'elles fe feront.

RECETTE DES LOGES A L'ANNÉE.

La recette des Loges à l'année fe fera par le miniftère d'un Prépofé, lequel recevra fix quittances à la fois d'un Comédien qui en aura le dépôt, ces quittances feront fignées des Comédiens compofant le Comité, au nombre de cinq, & le Receveur fera obligé chaque jour de repréfenter pareil nombre de quittances ou de fournir la fomme pour laquelle elles auront été délivrées, & cet argent fera de même remis & délivré au Caiffier qui en

donnera fon récépiffé fur la même feuille
qui aura été collationnée par le Comé-
dien· ou Prépofé qui aura remplacé le
fieur Zanuzzi, & quand ces fix premieres
quittances auront été employées, l'on en
remettra fix autres, & l'opération fe fuivra toujours de même. Le Caiffier tiendra notte fur fon journal de l'argent qu'il
recevra journellement pour cet objet,
pour compter à la fin de chaque mois par
douzieme de toutes les fommes réful-
tantes des Loges payées d'avance.

A la fin de chaque mois le Comédien
chargé de cette fonction, le Caiffier & le
fieur Beffon, commis à la recette des
Loges à l'année, feront un relevé de tout
ce qui compofera la recette du mois,
article par article, favoir les recettes
journalieres, les Loges à l'année employées pour le douzième du produit de
chaque Loge, les rentrées des crédits,
les billets donnés de trop & généralement
tout ce qui fera objet de recette, & cette
maffe ainfi conftatée fe portéra enfuite

fur le regiftre général de l'année , & qui comprendra au chapitre de la recette.

1°. Les recettes journalieres , telles qu'elles font portées fur le regiftre du Secrétaire , & fignées ainfi qu'il eft dit.

2°. Le détail des Loges à l'année, obfervant à chaque article de faire mention du numéro de la Loge, du nom des locataires, du douzième de la location fortant dans le mois, du reftant en main du Caiffier, attendu que les Loges fe paient d'avance , de forte qu'en rapprochant les deux colonnes, favoir ce qui fort dans le mois , & ce qui refte en caiffe, il fera facile d'avoir dans l'inftant le produit des Loges à l'année qui en aura été payé par les locataires, ce qui en aura été porté dans les comptes de chaque mois, & ce qu'il en réftera encore à recevoir.

3°. Les rentrées des Loges journalieres en crédit.

4°. Les rentrées des Loges à l'année reftées en débet des années précédentes dont il fera tenu un regiftre particulier.

5°. Les rentrées des avances faites à diverses personnes du Spectacle.

6°. Le produit des amendes si aucunes il y a dans le mois.

DÉPENSE.

Cette dépense sera composée de plusieurs états, ainsi qu'il suit.

Savoir :

1°. L'état des appointemens fixes dans lesquels seront compris les Acteurs appointés, contenant le nom de chacun d'eux, leurs appointemens annuels, répartis par mois.

2°. Les pensions des Acteurs & des anciens Employés.

Les Employés non Acteurs.

Les Danseurs & Danseuses.]

L'Orchestre.

Les Employés aux portes.

Les Ouvriers Gagistes, &c.

Les Pauvres.

L'Opéra & le Loyer.

3°. L'état des penfions des Acteurs &
Actrices retirés, & les intérêts des fonds
de ceux d'entr'eux qui ne feront pas encore rembourfés.

Ces états arrangés & émargés feront
remis à la fin de chaque mois au Comédien prépofé, & tranfcrits fur le regiftre
général pour être lus à l'affemblée.

4°. Les mandemens & quittances.

Cet article fera divifé en deux parties :
favoir, la dépenfe immédiate & la dépenfe
à terme.

La premiere comprendra les menues
dépenfes, portées fur les liftes qui fe font
à chaque affemblée, & les fournitures
payées au comptant comme celles du
magafin, &c.

La feconde comprendra les fournitures
à l'année, lefquelles ne feront payées que
par des à-comptes & dont on tiendra regiftre particulier.

La premiere partie étant de nature à
être payée comptant, les mémoires en
feront vifés à chaque affemblée & arrêtés

par les Semainiers, pour être payés fans délai par le Caiffier.

La feconde partie fe payera fur le prélevé du luminaire ; ce prélevé eft une fomme de quatre-vingt-feize livres qui fe prélevera cháque jour de Speĉtacle pour fubvenir au paiement des Fourniffeurs à l'année, dont les plus confidérables étant ceux qui fourniffent la cire, l'huile & la chandelle, ont fait donner dans l'ufage le nom de luminaire à cette partie de dépenfe.

Ces quatre-vingt feize livres formeront à la fin du mois une fomme quelconque, dont le Comédien prépofé fera l'emploi en donnant à cháque Fourniffeur (au prorata de ce qui lui eft dû) un à-compte, par des mandats fignés de lui, & payés par le Caiffier, bien entendu que le Comédien & le Caiffier rendront compte chaque mois à l'Affemblée, lors de la clôture des comptes de l'emploi du prélevé & repréfenteront les quittances juftificatives, fignées des Fourniffeurs à qui les fommes auront été diftribuées.

Les mémoires fournis par les Fourniffeurs à la fin de chaque mois, feront vifés
& réglés par un Architecte, pour tout ce
qui eft de fon reffort, & par des Comédiens
prépofés pour tout autre objet & accom-
pagnés des mandats fur lefquels auront été
fournis les marchandifes, & portés au
regiftre des Fournifleurs, lequel fera à
deux colonnes, dont l'uné comprendra le
montant des Fournitures de mois en mois,
de l'autre les paiemens faits aux Fourniffeurs, d'où il fuivra qu'en tels tems que
ce foit, il fera facile de tirer le borde-
reau de fituation avec tel ou tel Fourniffeur, & de favoir à livres, fols & deniers
ce qui lui fera dû.

5°. Les frais courans, compofés des
fonds des Acteurs & Actrices exiftans,
feux, manfes, domeftiques, les revenans-
bons aux Acteurs appointés, les parts
d'Auteurs, les frais de Garde, &c.

Tous ces articles feront portés fur des
états particuliers, lefquels étant émargés
par chacun de ceux qui y feront em-

ployés feront remis par le Caiffier à la fin de chaque mois au Comédien revifeur qui les joindra aux autres Pièces du compte du mois.

6°. Les rembourfemens d'emprunt & les intérêts d'iceux.

Les rembourfemens fe feront à la fin de chaque année théâtrale, mais pour les rendre plus sûrs à leur échéance, & en même tems moins fenfibles à la Comédie, la fomme à rembourfer fe divifera en douze parties, dont chacune fera article de dépenfe fur l'état de chaque mois, & reftera entre les mains du Caiffier jufqu'à l'époque du rembourfement dont le Caiffier fera obligé de juftifier par le rapport de la quittance, & les intérêts fe diminuent d'autant quoique dans l'ufage ordinaire les rembourfemens ne fe faffent qu'à la fin de l'année théâtrale, néanmoins s'il fe trouvoit dans la caiffe une fomme fuffifante pour faire quelques rembourfemens, il feroit à propos de les faire fans attendre la fin de l'année, parce que cela

diminueroit

diminueroit d'autant les intérêts qu'on paye des rentes tant qu'elles subfistent; mais comme ce feroit une exception à la règle, ce remboursement-ne pourroit être fait qu'en conféquence d'une délibération *ad hoc.*

7°. Les remboursemens des fonds-des Acteurs & Actrices retirés.

Ces remboursemens se feront fur le produit du Séqueftre s'il y en a un.

Quand il n'y en aura pas, ils se feront fur la caiffe générale de la manieré qui fuit.

Les Loges à l'année se payant prefque toutes d'avance au mois de Janvier, & ne se partageant que par douzième de mois en mois, il se trouvera tous les ans à Pâques une fommé dans les mains du Caiffier.

Sur cet argent qui refteroit en dépôt, le Caiffier au mois d'Avril payera au plus ancien Acteur retiré quinze mille livres pour le remboursement de fes fonds, & dès-lors la Comédie ceffera de payer les intérêts, & pour remettre à la caiffe la-

E

dite fomme de quinze mille livres, l'on
en portera tous les mois le douzième en
dépenfe, de forte qu'à la fin de l'année la
fomme entiere fe trouvera remplacée :
l'avantage de cette opération fera d'affurer tous les ans un rembourfement de
fonds , de le rendre moins onéreux à la
Comédie & d'épargner fept cent cinquante
livres d'intérêts.

8°. Enfin viendra le partage dont les
feuilles émargées de mois en mois feront
remifes par le Caiffier au Comédien Vé-
rificateur.

De la réunion de tous ces objets fe
formera le total de la dépenfe du mois,
laquelle étant comparée avec la recette,
le réfultat préfentera le tableau de fituation & conftatera le reftant en caiffe où
le dû à caiffe & les comptes ainfi rédigés
& détaillés, feront lus en pleine affemblée & fignés de chaque Comédien, tant
fur le regiftre général que fur le double
qui reftera entre les mains du Caiffier.

Na. Le mois de Mars qui fe trouve le dernier mois de l'année de Comédie, reftera chargé en outre de quelques objets de recette qui ne rentrent que tous les ans, tels que le loyer du Caffé & de quelques articles de dépenfe qui de même n'ont lieu que tous les ans, comme les gratifications accordées par la Comédie aux Employés, Danfeurs, Symphoniftes, &c.

OPÉRATIONS ANNUELLES.

A la fin de chaque année de Comédie,

fera un réfumé de tous les comptes de chaque mois divifé en chapitres de recette & de dépenfe, lequel fera tranfcrit fur un tableau particulier qui reftera au Caiffier & fur le regiftre général déjà cité, lequel reftera à la Comédie dépofé aux archives après avoir été lu, approuvé & figné de l'Affemblée convoquée à cet effet.

2°. Le Comédien ou le Commis prépofé pour ce, dreffera un état de fituation de la Comédie, comprenant le nom de tous les créanciers de la Comédie, Fourniffeurs & autres, les fommes à eux dûes, les paiemens faits dans le cours de l'année, & ce qui refte dû à chacun d'eux, dont la vérification fe fera en leur préfence & fera juftifiée par leur fignature. Cet état de fituation fera tranfcrit fur le regiftre des Fourniffeurs, & il en fera fait un double qui fera préfenté à M. le Commiffaire des Menus.

3°. Le même Comédien formera un tableau général de la location des Loges à l'année, contenant le n°. de chaque Loge, le nom du Locataire, le prix & l'époque du bail, les fommes payées à-compte de mois en mois, & ce qui en reftera dû à la clôture.

Les articles de débets feront enfuite portés fur un regiftre particulier où l'on fera mention en marge des rentrées à mefure qu'elles fe feront.

Le Comédien élu par l'Assemblée pour Reviseur desdits comptes, sera celui qui aura la garde des archives ; en conséquence il faudra qu'il soit au fait de tout ce qui se passera, soit dans les Assemblées ou dans telle partie d'administration que ce soit, pour connoître ce qu'il possede dans ses archives. Il sera aussi dépositaire de toutes les quittances pour les Loges à l'année, signées du Comité, pour les remettre par six à la fois au Receveur; il faudra que tous les soirs il se les fasse représenter; s'il en manque quelqu'une, il s'assurera que l'argent a été remis au Caissier, & la signature dudit Caissier sera son garant, quand les six feront consommées il en donnera six autres dont il fera rendre compte de la même maniere.

Tous les mois avant de lire les comptes à l'Assemblée, il prendra le grand regiftre où le compte est tranfcrit, le revifera partie par partie, afin de connoître s'il s'y trouve quelques erreurs & de les faire rectifier.

Quand tout fera en regle, il fera indiquer une Affemblée complette pour le lire en préfence du Caiffier, & le faire figner par les Comédiens; avant pourtant de faire la lecture, le Comédien qui fera prépofé pour le vérifier, aura foin de prendre jour avec le Caiffier pour le confronter à fon double, & fe faire remettre les pièces juftificatives pour les dépofer aux archives.

La perfonne prépofée pour la révifion de tous ces comptes, aura foin à la clôture du Théâtre, de faire faire les comptes de toute l'année ainfi qu'il a été dit, & de retirer toutes les pièces juftificatives qui auroient pû, par néceffité, refter entre les mains du Caiffier pendant le courant de l'année.

Le dépofitaire des archives & des comptes aura foin que chaque mois toutes les pièces juftificatives des comptes ne faffent qu'une feule liaffe, cottée du mois qu'elle contient, afin que chaque fois qu'on demandera une pièce, il lui foit facile de la trouver.

Il aura foin de juftifier par un regiftre
à cet effet de toutes les locations de
Loges à l'année, tel qu'il y en a un à la
Comédie pour cela.

En outre il y aura un autre regiftre
pour les débets defdites Loges, comme
il en exifte un à la Comédie.

Il doit conferver à l'égard des Fourniffeurs la regle établie actuellement, &
les obliger de donner à la fin de chaque
mois le mémoire de ce qu'ils ont fourni
dans le mois, & ne jamais paffer un mémoire de deux mois ; cette regle eft effen-
tielle en ce qu'on peut aifément vérifier
un mémoire d'un mois, mais non pas de
plufieurs, d'ailleurs ils y font accoutu-
més, il ne s'agit que d'y tenir la main.

Il doit conferver dans un carton fait
exprès, toutes les lettres écrites à la
Troupe dans le courant de l'année & au
commencement d'une autre, il aura un
nouveau carton.

Il doit de même conferver dans des cartons particuliers tous les actes quelconques, foit de Loges, d'emprunts, de fonds faits par les Acteurs & rembourfemens.

Enfin par le compte qui fera rendu par celui qui a été chargé jufqu'à cette heure du maniement des pièces dépofées aux archives, & dont il donnera un inventaire, il fera facile à celui qui le remplacera de fuivre fes traces, fi fa méthode a été trouvée bonne par la Société, ou d'y faire les changemens qui feront jugés néceffaires.

RÉGLEMENT POUR LES HABITS.

Pour remédier aux abus qui fe font introduits dans la fourniture des habits aux Acteurs & Actrices reçus, ainfi qu'aux Acteurs & Actrices penfionnaires, jouiffant du droit de feux, manfes & domeftiques, & pour diminuer la dépenfe que cette fourniture entraîne. L'affemblée des Comédiens Italiens ordinaires du Roi, a jugé

jugé néceffaire de remettre en vigueur
les délibérations des 14 & 21 Avril de
l'année 1774, relàtives à cet objet, & de
détailler encore plus particulierement
qu'il ne fût fait alors les habits dont cha-
-cun defdits Acteurs & Actrices feront
tenus de fe fournir & ceux dont la Comédie les fournira, & pour cet effet a arrêté
les articles fuivans pour fervir de regle à
l'avenir & prévenir toutes difcuffions ou
interprétàtion arbitraire.

ARTICLE PREMIER.

Chacun des Acteurs ou Actrices reçus
Acteurs & Actrices pénfionnàires, jouiffant du droit de feux, manfes & domeftiques, fera tenu de fe fournir des habits
fuivans. Savoir: habits à la Françoife
d'homme & de femme, de telle mode
que ce foit, & fous telle dénomination
qu'ils foient connus; habits de payfans
& de payfannes François; habits à l'An-
gloife d'homme & de femme, robes &
fourreaux; habits noirs & robes noires

F.

pour homme & pour femme, & habits
& robes de deuil, coſtume Italien du
genre Bouffon; habits de traveſtiſſement
de valet en maître & de maître en valet.

ART. II.

La Comédie fournira les habits de coſtumes étrangers, tels que les féeries, les
coſtumes Grecs & Romains, Turc, Per-
ſan, Chinois, Eſpagnol, Indien, Améri-
quain, Italien dans le genre noble, uni-
formes de Soldats & Officiers François
& Étranger, robes-de-chambre, robes de
Procureur ou de Médecin, habits de traveſtiſſement d'homme en femme & de
femme en homme. Convenu auſſi que l'on
n'employeroit point de dorures fines dans
les habits que la Comédie fournira, excepté les caſques, les turbans, les bonnets d'Houſard, & le cas des traveſtiſſe-
mens de femme en homme & d'homme
en femme,

ART. III.

La Comédie ne fournira ni bas ni ſou-
liers, ni bottes, ni bottines, ni brode-

quins, ni chapeaux unis ou bordés, ni plumes, ni plumets, en un mot nulle efpece de chauffures ni de coëffures de telle efpece que ce foit, ni gands ni gazes, ni rubans, ni voiles même dans les coftumes dont il eft dit ci-deffus, que la Comédie doit fournir, excepté les cafques, les turbans, les bonnets, les bonnets d'Houfard, & le cas de traveftiffement de femme en homme & d'homme en femme.

Art. IV.

A l'égard des Acteurs penfionnaires qui n'ont point de feux, ni de manfes, &c. il eft dit que chacun d'eux fe fournira des habits de l'emploi auquel il fe deftine.

Art. V.

Les Débutans feront de même tenus de fe fournir de tout habit quelconque néceffaire à leur début dans quelque genre que ce foit.

Art. VI.

Les Acteurs attachés à la Comédie en qualité de fimples acceffoires pour les

Chœurs & les morceaux d'Enſemble, feront fournis par la Comédie d'habits, ſuivant le coſtume de la Pièce où ils ſeront
employés, & de même d'habits convenables pour les rôles où la néceſſité des
circonſtances obligera de les faire jouer.

Il eſt ainſi en l'original dudit état ſigné
& paraphé & reſté en nos mains annexé
à la minute de l'acte de dépôt, étant en-
ſuite d'un acte de Société paſſé entre les
Acteurs & Actrices de la Comédie Italienne, devant Me le Pot-d'Auteuil, l'un
des Notaires ſouſſignés, cejourd'hui ſix
Mars mil ſept cent quatre-vingt.

Signés, DOUDÉ & LE POT-D'AUTEUIL,
avec paraphes. En marge eſt écrit, ſcellé
leſdits jour & an, avec paraphe.

DE L'IMPRIMERIE

De P. R. C. BALLARD, Imprimeur de la Muſique
de la Chambre & Menus-Plaiſirs du Roi, & de la
Grande Chapelle de SA MAJESTÉ. 1781.

RÈGLEMENT

POUR

LES COMÉDIENS ITALIENS

ORDINAIRES DU ROI.

Nous, Louis-Marie d'Aumont, Duc d'Aumont, Pair de France; André-Hercule de Rosset, Duc de Fleury, Pair de France; Louis-François-Armand Duplessis, Duc de Richelieu, Pair & Maréchal de France; Emmanuel-Félicité de Durfort, Duc de Duras, Pair & Maréchal de France : tous quatre premiers Gentilshommes de la Chambre.

A

PAR le préfent Règlement avons arrêté
& ftatué ce qui fuit :

ARTICLE PREMIER.

LE préfent Règlement, confirmatif des
précédens, en tous les articles où il n'y
eft pas expreſſément dérogé, après avoir été
lu en préfence de toute la Société, fera
mis fur le Regiftre des délibérations, & il
en fera délivré une copie à chacun des
Acteurs & Actrices qui compofent la Société, afin que perfonne n'en puiſſe prétendre
caufe d'ignorance ; il en fera fait en outre
lecture tous les fix mois, en préfence de
tout le monde, dans une Aſſemblée générale indiquée à ce fujet, & dont les Semainiers préviendront le fieur Commiſſaire général des Menus, ou celui nommé par SA
MAJESTÉ pour le repréfenter.

ARTICLE II.

COMITÉ.

POUR nous mettre à portée de connoître
les abus qui pourroient fe gliſſer dans l'Ad-

miniftration & Police intérieure de la Société, nous ordonnons que la Société de
la Comédie Italienne fera régie & adminiftrée, dans fon intérieur, par un Comité
permanent, qui fera compofé de onze Comédiens, y compris le Semainier perpétuel,
& le premier des deux autres Semainiers en
exercice. Voulons qu'à l'inftar de ce qui a été
établi par SA MAJESTÉ pour les Comédiens François, au Comité feul appartienne
le droit de faire le projet de Répertoire,
de régler le temps où les Pièces doivent
être mifes à l'étude, d'entendre la lecture
des Pièces nouvelles, & de les recevoir,
s'il y a lieu ; de relire les anciennes, dont
la réception faite intérieurement a été dé-
clarée nulle & non avenue par l'Arrêt du
Confeil du 20 Juillet 1781, dont copie
éft annexée au préfent Réglement; d'examiner les Pièces deftinées pour les Spectacles des Foires & des Boulvarts; d'entendre le rapport des Semainiers, relativement à la Police de la Société, & de prononcer fur leur rapport ce qu'il appartiendra;

de juger & réprimer tout ce qui pourroit être contraire au bon ordre, & de propofer, relativement à ce que deffus, les amendes qu'il jugera néceffaires; d'examiner les fujets qui fe préfenteront pour débuter, de s'informer de leur conduite, & d'en donner fon avis aux Supérieurs, qui prononceront définitivement fur leur renvoi ou admiffion; de chercher à concilier les difficultés, s'il s'en éleve, au fujet des comptes; de donner chaque année, huit jours avant la clôture du Théâtre, fon avis fur la diftribution des fonds du Séqueftre, dont il Préfentera un rôle aux Supérieurs, pour être par eux approuvé, ou réformé, s'il y a lieu; de faire les marchés, d'arrêter les comptes, de vérifier la caiffe, d'ordonner les dépenfes journalieres, ordinaires & extraordinaires, d'infpecter, juger & ordonner dans toutes les parties du Spectacle; de juger les différens qui pourroient furvenir entre les Comédiens, ainfi que les conteftations des Directeurs & Acteurs de province; de notifier, foit aux Comédiens, ou autres perfonnes intéreffées, les ordres qui leur feront-adreffés par les Supérieurs ; de veiller à ce que les Complimens de clôture & de rentrée ne renferment rien que de convenable ; en un mot, de régler toutes les affaires de la Comédie, générales ou particulieres, de quelque nature qu'elles foient, notre intention étant que ledit Comité, affifté des Confeils ordinaires de la Comédie, foit déformaís le repréfentant & le gérant de ladite Société, excepté le feul cas où il s'agiroit d'aliéner fes immeubles, ou de les engager par des emprunts, ce qui ne pourroit être fait que dans une affemblée générale. Permettons néanmoins audit Comité d'affembler toute la Société, quand il le jugera utile & convenable, après avoir obtenu notre agrément à ce fujet, auquel cas les délibérations feront prifes dans l'Affemblée générale, en la maniere accoutumée, & à la pluralité des voix.

Ordonnons que l'Affemblée générale des Mercredis de chaque femaine, continue d'avoir lieu comme par le paffé, mais feulement pour y être notifié à tous les Membres de la Société, & à chacun d'eux, le projet de Répertoire, & les délibérations qui auront pu être prises par le Comité, auxquels Répertoire & Délibérations, chacun des Membres de la Société sera tenu de se conformer, sous peine de *trois cens livres* d'amende, qui sera encourue par le seul fait.

Nous nous réservons de nommer les sujets qui composeront le Comité, & de le changer quand nous le jugerons à propos.

ARTICLE III.

SEMAINIERS.

1°. Il y aura toujours deux Semainiers pris à tour de rôle, dans les autres Acteurs qui composent la Société, conjointement avec le Sieur Camerani, Semainier perpétuel, établi par notre ordre, du 15 Mars 1780.

Lesdits Semainiers seront chargés solidairement, l'un pour l'autre, de toutes les opérations qui leur seront confiées, & se concilieront de maniere qu'en cas d'abſence ou de maladie, il s'en trouve toujours un pour remplir les devoirs qui les regardent en commun.

2°. Les Semainiers convoqueront les Aſſemblées ordinaires & extraordinaires qui leur feront demandées par le Comité.

3°. Ils conſtateront l'état des Acteurs & Actrices préſens à chaque Aſſemblée, en écrivant ſur une feuille les noms de ceux qui arriveront ; & à l'heure convenue, pour l'Aſſemblée, ils arrêteront la feuille & la remettront au Semainier perpétuel, lequel ne fera la diſtribution de droit de préſence à chaque Acteur ou Actrice, que quand les affaires feront terminées.

4°. Ils veilleront à ce que le Répertoire réglé à l'Aſſemblée ſoit exécuté, & prendront les ordres de la Cour dans les différens cas, dont ils feront leur rapport au Comité, ainſi que des changemens à faire dans le Répertoire, & des abus qu'ils pourroient découvrir, afin que l'on puiſſe y pourvoir.

5°. **Les** Semainiers , ou du moins l'un d'eux, feront obligés de fe trouver au Théâtre à quatre heures précifes, d'y demeurer jufqu'à la fin de la repréfentation , & d'affifter au compte de la recette qui doit être tous les jours figné par l'un d'eux.

6°. Ils veilleront à ce que le Spectacle puiffe commencer régulierement à cinq heures & demie précifes ; ils marqueront ceux qui ne feroient pas prêts à l'heure, & en remettront la note au Comité ; pour cet effet ils auront l'attention de s'informer chaque jour du nom des Acteurs qui jouent dans la premiere Piece, afin de pouvoir les faire avertir, & que l'on ne foit pas dans le cas d'attendre ceux qui ne font que de la feconde, ou troifieme Pièce, fous peine de *vingt-quatre livres d'amende*, tant pour ceux qui fe feroient attendre, que pour les Semainiers, s'ils négligeoient d'en rendre compte.

7°. L'un des Semainiers viendra à toutes les répétitions, pour voir fi elles fe font avec foin, & mettra à l'amende ceux qui y man‑

queront, ou qui ne feront pas exacts à l'heure, ainfi qu'il fera dit ci-après, & il en remettra la lifte au Comité chargé d'en rendre compte au fieur Commiffaire des Menus, ou fon repréfentant, fous peine de *trente-fix livres d'amende.*

ARTICLE IV.

ASSEMBLÉES.

1°. Il fera tenu toutes les femaines, à un jour fixe, à dix heures & demie du matin, depuis Pâques jufqu'au mois d'Octobre, & à onze heures, depuis le mois d'Octobre jufqu'à la clôture, une Affemblée générale à laquelle tous les Comédiens & Comédiennes feront préfens. Aucune perfonne étrangere à la Société, ne pourra, fous aucun prétexte, y être admife, ni affifter aux délibérations, fous peine de *cent livres d'amende* pour les Semainiers.

2°. Le premier objet de cet Affemblée fera le Répertoire de la femaine ; après quoi les Acteurs penfionnaires étant retirés, on traitera des affaires de la Société.

3°. Outre cette Affemblée générale, il s'en fera,.

Premierement, pour entendre la lecture des Pièces nouvelles, & y procéder, fuivant qu'il fera dit à l'article des Auteurs.

Deuxiemement, pour les cas extraordinaires qui pourront furvenir, & où le Comité jugera qu'il eft convenable de la convoquer.

Troifiemement , pour la lecture des comptes & l'examen des Bordereaux de fituation.

4°. Les Acteurs & Actrices compofant le corps de la Société, les Acteurs & Actrices penfionnaires auront droit d'affifter à l'Affemblée générale du Répertoire.

5°. On n'admettra dans toute Affemblée , quelque foit le motif qui l'aura fait convoquer , que les Acteurs & Actrices reçus.

6°. Telle perſonne, préſente de droit à telle Aſſemblée que ce ſoit, & portée ſur la feuille arrêtée par les Semainiers, recevra deux jettons pour ſon droit de préſence ; ceux ou celles qui n'arriveront qu'après l'heure indiquée perdront leurs jettons.

Les Acteurs & Actrices s'arrangeront dans la Salle d'Aſſemblée, ſuivant la date de leur réception, & ne donneront leur avis, ſur quelque matiere que ce puiſſe être, qu'à tour de rôle, ſous peine d'amende, & lorſqu'il leur ſera demandé par les Semainiers, qui en feront mention ſur une feuille particuliere, pour pouvoir recueillir les voix.

Si quelqu'un parle avant ſon tour, les Semainiers le mettront à *trois livres* d'amende, & à *ſix livres* en cas de récidive.

Le Comité, les Semainiers & le Secrétaire, prendront place autour de la table d'Aſſemblée.

7°. Le Répertoire commencera à dix heures & demie en Été, & à onze heures en Hiver, & il ne ſera mention d'aucune affaire avant qu'il foit fini. Le Répertoire étant fait & lu à l'Affemblée, les Acteurs penfionnaires fe retireront.

8°. Le Comité fera part enfuite à l'Af-femblée de tout ce qui aura été fait pour le bien général , & prendra les voix fur les affaires où il fera befoin d'une déli-bération de l'Affemblée. L'on ne pourra fe féparer que lorfque le Comité avertira qu'il n'eft plus d'affaire à traiter. Ceux qui s'en iront auparavant perdront leurs jettons, à moins qu'il ne leur ait été permis de fe retirer.

9°. L'Affemblée finira , au plus tard , à une heure & demie, fi ce n'eft qu'il furvînt quelqu'affaire qu'il fallût pour l'intérêt général, terminer avant de fe fépa-rer , ou un ordre de la Cour , ou des Su-périeurs.

10°. L'objet le plus effentiel de l'Affem-blée du Répertoire , étant le choix des Pièces auxquelles les Comédiens doivent fe tenir prêts , nous ordonnons qu'il fera fait , par le Comité, une diftribution exacte

des rôles de toutes les Pièces de leur Répertoire, foit courantes, foit à remettre,
& enfin de celles, qu'avec quelques changemens, on pourroit remettre au Théâtre ;
& qu'il en fera dreffé un état général, contenant le titre des Pièces, avec les noms
des Acteurs & Actrices qui doivent jouer
en premier, en double & en troifieme, les
rôles de chacune de ces Pièces, afin qu'il n'y
ait pas de conteftations à cet égard, & que
chaque rôle foit rempli par l'Acteur ou
l'Actrice à qui il convient mieux, relativement à la qualité de la voix, & au talent
particulier de chacun ; la Société connoif-
fant le parti. qu'elle peut tirer de chacun
de fes membres.

11°. Avant que le Répertoire commence,
fi quelques Acteurs ou Actrices ont befoin
d'un jour dans la femaine, ils en avertiront
l'Affemblée, ainfi que des raifons qu'ils
peuvent avoir de ne pas jouer.

12°. Le premier Semainier infcrira,
fur une feuille volante, les noms de
ceux qui fe feront réfervé des jours ;

laquelle feuille nous fera remife chaque mois par le Comité, avec fes obfervations, s'il y avoit lieu d'en faire : enfuite, étant bien avéré que chacun peut jouer tel ou tel jour, perfonne ne fera en droit de refufer tel ou tel rôle pour tel jour, & les Semainiers porteront fur le Répertoire les Pièces arrêtées par l'Affemblée, fans égard pour qui feroit refus.

13°. S'il arrivoit que quelqu'un, ne pouvant jouer de la femaine, vint à l'Affemblée du Répertoire de cette femaine, il n'auroit aucun droit de préfence, étant déshonnête que quelqu'un vienne prendre fes jettons pour dire à fes camarades qu'il ne peut leur être utile.

14°. La diftribution des rôles étant arrêtée, ainfi qu'il a été dit, & chacun des membres de la Société ayant connoiffance de ceux auxquels il doit fe tenir prêt, & qui forment fon emploi ; pourque le Répertoire puiffe fe faire plus facilement, & ne foit point fujet à des changemens nuifibles au bien général, nous ordonnons que ceux qui ne pourront venir au Répertoire, écriront aux Semainiers, pour les informer qu'étant malades, l'on ne compte point fur eux ; & ils marqueront le temps dont ils croiront avoir befoin pour fe rétablir ; ou que, fe portant bien, & des affaires les empêchant de venir à l'Affemblée, ils confentent de jouer dans les Pièces qui feront portées fur le Répertoire, & qu'ils y feront prêts pour le jour indiqué, ainfi qu'aux Pièces qui, ce jour-là, feront arrêtées ; & faute par eux de fe conformer à cette difpofition, ils feront tenus de remplir les rôles de leur emploi, pour lefquels ils auront été écrits, quoiqu'abfens, fur la feuille de diftribution du Répertoire.

15°. Les Acteurs en premier avertiront, après la lecture du Répertoire, en préfence de l'Affemblée, leurs doubles des rôles qu'il faut qu'ils jouent dans la femaine, afin que les doubles n'en puiffent prétendre caufe d'ignorance : mais fi le rôle étoit trop confidérable pour que le double ne pût s'en charger fans nuire à

l'intérêt commun, ou qu'il n'eût pas affez
de temps pour l'apprendre, ou le repaffer,
alors le Comité fera en droit de s'oppofer
à la d mande de l'Aĉteur en premier, comme
nuifible au bien général; & ledit Aĉteur ou
Aĉtrice en premier fera tenu de fe fou-
mettre à la décifion du Comité, & de jouer
le rôle : & il eft ordonné au double, fi le
Comité l'agrée dans le rôle, de s'y tenir
prêt pour le jour qui lui fera indiqué, d'une
autre repréfentation ; & quand cela fera une
fois arrêté, il ne fera plus au choix de l'Acteur ou de l'Aĉtrice en premier, de reprendre
fon rôle, & d'empêcher de le jouer celui
ou celle qui aura dû le remplacer, le jour
indiqué feulement.

Il fera fait tous les jours une lifte des changemens qu'aura éprouvé la feuille de diftribution du Répertoire, pour être remife au
Comité, & préfentée chaque mois aux Supérieurs.

16°. Si les premiers, en cas d'affaires,
ou d'incommodités notoires, ne peuvent
jouer, ils auront foin d'avertir par écrit
leurs

leurs Doubles la veille, & d'affez bonne
heure, pour qu'ils puiffent avoir, par
écrit auffi, la réponfe du Double, & s'affurer que le Spectacle ne manquera pas.

17°. Au cas que le Double chargé
par le premier, d'un rôle, tombe mala-
de, le premier fe portant bien, fera tenu
de le jouer, fur l'avis que lui en donnera
l'un des Semainiers, à moins que ce ne
foit un rôle qui ne lui foit plus familier,
& qu'il lui foit impoffible de remettre, ce
dont le Comité jugera; entendant que chacun, fans diftinction fe prête aux intérêts de
la Société.

18°. Pour obvier aux inconvéniens qui
peuvent naître des maladies fubites, &
qui pourroient mettre les Comédiens dans
le cas de fermer, nous ordonnons que
tout Acteur, ou Actrice, qui fe trouvera
incommodé au point de ne pouvoir jouer
le foir la Pièce affichée, faffe avertir
de fon état, & d'affez bonne heure, pour
qu'un Semainier, fur l'avis qui lui en
fera donné par écrit, puiffe faire prévenir

B

le Double de le jouer, ou enfin, à la rigueur,
changer de Pièce, & faire faire de nouvelles affiches, ce dont on inftruira M. le
Lieutenant - Général de Police, auquel
nous enjoignons aux Comédiens d'envoyer
le Répertoire de chaque femaine.

Et pour ôter tous foupçons de maladie
feinte, les Semainiers fe tranfporteront chez
l'Acteur, ou l'Actrice incommodé, afin de
conftater l'état de la perfonne ; & s'il arrivoit que dans cette vifite les Semainiers
euffent à fe plaindre de la façon dont ils
feroient reçus, ils en rendront compte au
Comité pour y faire droit, & impofer une
amende à ceux ou celles qui auroient manqué aux Semainiers en fonctions.

19°. Nous ordonnons aux Comédiens
de mettre tous les mois une Pièce nouvelle, & une remife ; enjoignons au Comité de tenir la main à l'exécution de
cet article ; & au cas qu'il y ait quelque raifon qui en empêche, le Comité fera
tenu d'en rendre compte au Commiffaire
des Menus.

20°. Les Pièces mifes fur le Répertoire n'en feront pas moins jouées, quand
quelques-uns de ceux ou celles qui ont
les rôles en premier ne pourroient pas
jouer, foit pour caufe de maladie, ou de
voyage à la Cour, & les Doubles les rem-
placeront, étant obligés de s'y tenir prêts,
à moins qu'il ne foit queftion d'une Pièce
nouvelle, dont les principaux rôles ne peuvent fe doubler fans l'aveu des Auteurs ;
ou fi c'eft une Pièce remife, que le rôle
ne foit trop fort pour le double, ce qui
pourroit faire tort à la Pièce & aux intérêts
de la Société.

21°. Étant informés que, fous le prétexte d'aller repréfenter à la Cour, les
Comédiens fe difpenfent fouvent de jouer
à Paris, nous voulons, qu'attendu que
les jours de Spectacle à la Cour, & les
Pièces qu'on y doit donner font indi-
qués d'avance, le Comité ait l'attention
de propofer, en faifant le Répertoire, les
Pièces qui peuvent être jouées à Paris par
les Acteurs & Actrices qui ne feront pas

néceſſaires à la Cour; entendant que les Doubles trouvent par-là le moyen de s'exercer & de ſe perfectionner; & en cas d'inexécution du préſent article, celui ou celle qui en ſeroit cauſe, paiera une amende *de trois cens livres.*

22°. Pour remédier à la négligence que l'on marque quelquefois pour les rôles médiocres & les acceſſoires, ce qui nuit à l'intérêt de la Société, puiſque le peu de ſoin avec lequel on les joue diſcrédite les Pièces & dégoûte le Public, nous voulons que le Comité rende compte exactement au ſieur Commiſſaire des Menus, qui nous en inſtruira, de ceux qui ne rempliront pas leurs rôles, ſi médiocres qu'ils ſoient, & même les acceſſoires, avec toute l'attention néceſſaire, pour que nous puiſſions y mettre ordre, & les punir de leur négligence.

23°. Tout Acteur, ou Actrice qui, par humeur ou mauvaiſe volonté, fera manquer une repréſentation, paiera une amende de *trois cens livres*, & même ſera puni plus févérement s'il nous paroît néceffaire, fuivant le compte qui nous en fera rendu par le Comité.

24°. Les Acteurs, ou Actrices reçus, ou penfionnaires, dont on aura befoin pour remplir les acceffoires & les parties de Chœur dans les morceaux d'enfemble, ne pourront s'y refufer. Voulons que chacun fe prête, fuivant les circonftances pour le bien & l'utilité du Spectacle, ainfi qu'il y eft obligé par fon ordre de réception.

ARTICLE V.

DÉLIBÉRATIONS.

1°. Quand tout ce qui concerne le Répertoire, la remife des Pièces, & autres objets énoncés ci-deffus, aura été rempli, le Comité propofera les autres matieres qui doivent être préfentées à la Société.

2°. Les délibérations de l'Affemblée, foit verbales, foit par écrit, feront infcrites fur le Regiftre des Affemblées, & fignées

par tous ceux qui feront préfens à l'Affemblée, quand bien même il fe trouveroit
quelqu'un qui auroit été d'un avis contraire,
la pluralité des voix devant alors former la
réunion des fentimens.

3°. Ceux ou celles qui rompront le cours
d'une affaire, foit pour en propofer une
autre, foit pour quelque caufe que ce puiffe
être, ceux qui fe ferviront de paroles pi-
quantes ou peu mefurées, feront privés, ce
jour-là, de leur droit de préfence ; ils paieront en outre, fans déplacer, une amende
de *vingt-quatre livres.*

4°. Ordonnons aux Comédiens de garder
un fecret inviolable fur tout ce qni aura été
dit & fait dans les Affemblées ; & en cas
de contravention prouvée, tous les Aɔteurs
& Aɔtrices contrevenans feront privés de
leurs droits de préfence aux Affemblées,
pendant tout le temps que nous nous réfervons de fixer.

ARTICLE VI.

DÉBUTS.

1°. Dans la vue de favorifer les Comédiens, & de leur faciliter les moyens d'attirer du monde, & de répondre à l'attente du Public, nous aurons foin de ne faire débuter à l'avenir que dans les rôles ou caracteres qui manqueront, pour ne point multiplier inutilement les fujets dans le même emploi. Nous voulons, ainfi qu'il a déja été dit, qu'aucune perfonne ne foit admife à débuter qu'après avoir été entendue par le Comité, en exceptant cependant les Comédiens de Province, que, dans des cas de befoin, on feroit venir fur leur réputation, & qui, pour lors, ne feroient point foumis à cet examen. Voulons qu'il foit tenu Regiftre des débuts, afin que dans le cas qu'il vint à manquer quelqu'un dans un emploi, on puiffe voir les Acteurs ou Actrices qui auroient marqué du talent, & qui mériteroient d'être appellés pour prendre la place.

2°. Quand nous aurons accordé des per-
miffions de débuter, & que lefdites per-
miffions auront été préfentées & enregif-
trées à l'Affemblée, on conviendra avec
les débutans du temps de leur début, lequel
ne pourra avoir lieu dans l'hiver, hors le
cas de néceffité, dont nous nous réfervons
la connoiffance.

3° Les débutans feront libres de choifir
trois Pièces pour leur début ; mais ils ne
pourront les prendre que parmi celles qui
font au courant du Répertoire.

4°. Les Acteurs ou Actrices en chef qui
ont des rôles dans ces Pièces, ne pourront
fe difpenfer d'y jouer, fous peine de *cent*
livres d'amende, nous réfervant de punir
ceux ou celles qui, par haine, ou par ca-
bale, chercheroient à rebuter les débutans,
ou à leur nuire.

On fera obligé de faire une répétition
entiere fur le Théâtre, pour chacune des
Pièces où les débutans devront jouer: ceux
qui y manqueront, feront mis à l'amende
de *vingt-quatre livres.*

5°. Mais pour pouvoir juger fainement du talent des débutans, & non uniquement d'après les trois Pièces qu'ils auront choifies, & qui peuvent leur avoir été montrées, lefdits débutans feront tenus de jouer enfuite trois rôles au choix du Comité, après en avoir informé le fieur Commiffaire des Menus, pour nous en rendre compte, & voir fi ce choix eft réellement du genre que lefdits débutans auront choifi, & s'il n'excède pas leurs forces. Lefdites Pièces ayant été par Nous approuvées, il fera donné les répétitions néceffaires de chacune auxdits Acteurs débutans ; auxquelles répétitions les Acteurs & Actrices qui joueront dans la Pièce, feront tenus de fe trouver, à peine de *cinquante livres* d'amende.

6°. Tout Acteur débutant, qui, dans le cours de fes débuts refuferoit de jouer fon rôle dans la Pièce affichée pour lui, hors le cas de maladie conftaté par les Semainiers, fera privé de la continuation de fon début, nous réfervant de prononcer en outre telle punition que nous jugerons convenable fuivant les circonftances.

ARTICLE VII.

PIECES NOUVELLES,

DROITS DES AUTEURS.

1°. POUR éviter les inconvéniens des brigues entre les Acteurs & les Actrices, & des protections, tant ponr le rang des lectures, que pour la diftribution des rôles, il ne fera lu aucune Pièce à l'Affemblée, qu'elle n'ait été au paravant lue & approuvée par le Comité, auquel l'Auteur, fi fa Pièce eft agréée, remettra la diftribution de fes rôles cachetée, pour être préfentée à l'Affemblée, en même-temps que la Pièce, le jour de la lecture publique.

2°. Suivant la date d'enregiftrement, & fans faire aucun paffe-droit, on conviendra d'un jour autre que celui du Répertoire, pour entendre la lecture des Pièces, & le Comité aura foin de prévenir l'Auteur, ou celui qui aura préfenté la Pièce, du jour choifi par l'Affemblée. L'Auteur feul, ou fon repréfentant, aura droit de venir à cette Affemblée.

3°. Après la lecture, fi la Pièce eft reçue, le Comité produira la diftribution des rôles, dépofée aux Archives lors de la lecture pré-liminaire qui lui en aura été faite, & cette diftribution fera lue à l'Affemblée, & en-regiftrée. Si la Pièce n'eft reçue qu'à cor-rections, fa diftribution reftera cachetée dans les mains du Comité, pour être vue lors de la feconde lecture, & elle fera ren-due à l'Auteur, fi l'ouvrage eft refufé.

4°. Cette diftribution ainfi établie & en-regiftrée, fera invariable ; en forte que d'un côté, les Auteurs n'auront pas la liberté d'y rien changer, fous prétexte des correc-tions ou changemens qu'ils pourroient faire dans leur Pièce, à moins que dans l'inter-valle de la réception à l'étude de la Pièce, il ne fut furvenu des changemens notables dans la Troupe, ou la retraite de quelqu'un des Acteurs ou Actrices employés dans la diftribution premiere ; auxquels cas, il fe-roit libre aux Auteurs de difpofer de nouveau des rôles manquans ; & d'un autre côté, aucun des Acteurs ou Actrices employés dans la distribution, ne pourra refuser de jouer le rôle pour lequel il aura été inscrit sur le Regiftre, fans des raifons valables, & dont il nous fera rendu compte, nous réfervant la connoiffance de toutes les difficultés qui pourroient naître à ce fujet.

5°. Les Acteurs ou Actrices préfens à la lecture, l'écouteront avec la plus grande attention, pour être en état d'en juger, & ne fe permettront aucune expreffion, ni aucun figne qui dénotent d'avance leur fentiment particulier.

6°. Les Pieces acceptées feront portées fur le Regiftre & fur un Tableau à ce deftiné, diftingué par colonnes pour chacun des genres dont la Comédie eft en poffeffion ; favoir : 1°. les Pièces deftinées à être mifes en Mufique, en un ou plufieurs Actes. 2°. Les Opéras-comiques, Vaudevilles. Et 3°. les Comédies Françoifes fubdivifées en grandes & petites Pièces.

Notre intention étant que les Auteurs

n'éprouvent aucun paffe-droit de la part des Comédiens, & que les Comédiens ne foient point fruftrés dans leur attente, & puiffent compter fur une Pièce qu'ils auront reçue, les Auteurs dépoferont à la Comédie, immédiatement après la réception, ou au plus tard, dans la quinzaine, le manufcrit de leur Pièce qui aura fervi à la lecture, cotté & paraphé par les Semainiers, pour qu'il n'y foit fait aucun changement fans l'aveu & le confentement des Comédiens, & fur lequel fera infcrite une note, contenant le nom de l'Auteur, fon adreffe, & la date de la réception, telle qu'elle fera portée fur le Regiftre, & le double de cette note fera remife à l'Auteur, avec un reçu de fon manufcrit, figné des Semainiers.

Les Pieces deftinées à être mifes en Mufique, quoique reçues quant aux paroles, ne feront cenfées pleinement reçues, & n'auront de droit, pour être jouées à leur tour, que quand la Mufique en fera faite, & que les Comédiens l'auront entendue & approuvée, à moins que cette Mufique nouvelle ne foit d'un Auteur déjà connu à la Comédie, & qui ait donné quelqu'ouvrage au Théâtre.

7°. Pour entendre une Mufique foumife à l'examen, & en porter leur jugement, les Comédiens s'affembleront comme pour la lecture d'une Pièce, & à l'heure indiquée, fe rendront de la Salle d'Affemblée au Théâtre, où l'on aura mandé toutes les parties obligées de l'Orcheftre; & les Acteurs, chacun dans leur genre, chanteront les rôles que l'on aura foin de leur envoyer d'avance, afin qu'ils aient le temps de s'y préparer.

8°. On choifira, pour faire ces fortes de répétitions, un jour où le Théâtre foit abfolument libre de toute autre répétition, foit de Pièce, ou de Danfe, afin qu'il ne s'y trouve que les Acteurs qui ont droit aux lectures, avec le Compofiteur de Mufique & l'Auteur des paroles.

9°. Après cette répétition, les Comédiens rentreront dans la Salle d'Affemblée, pour prononcer fur la Mufique qu'ils auront entendue, à quoi ils procéderont comme aux

lectures des Pièces ; & si la Musique est
approuvée, on en fera mention sur un Regiſtre particulier, deſtiné à inſcrire seulement les Pièces reçues, quant aux paroles
& à la Musique conjointement ; & c'est ce
Regiſtre particulier que l'on conſultera,
pour jouer à tour de rôle & ſuivant la date
de leur réception, les Pièces qui y ſeront
inſcrites.

-10°. Quand une Pièce aura été reçue,
ainſi qu'il vient d'être dit, & qu'elle ſera
venue à ſon tour pour être jouée, ſuivant
la colonne où elle ſera inſcrite, les Auteurs enverront les rôles aux Acteurs, ſuivant la diſtribution dépoſée aux Archives
avant la lecture. Enjoignons expreſſément
aux Comédiens de ne répéter, ni jouer aucune Pièce que l'Auteur ne l'ait fait approu-
ver par la Police, & que les Comédiens
n'en aient la certitude par écrit.

11°. Quant aux Pièces anonymes envoyées
à la Société, les Auteurs ſeront tenus d'a-
dreſſer au Comité leur diſtribution cachetée, & *de la même écriture* que la Pièce,

pour éviter toutes difcuffions, & mettront à exécution, tout ce qui eft ci-deffus.

12°. Les Comédiens ne pourront, fous aucun prétexte que ce foit, finon pour des caufes graves dont-nous nous réfervons la connoiffance, refufer de jouer une Pièce reçue, ni en retarder les-repréfentations à fon tour de colonne, fans le confentement des Auteurs; & fi la repréfentation étoit retardée par la faute de quelqu'un, le Comité nous en rendra compte pour y faire droit.

13°. La Comédie étant en poffeffion de trois genres différens, tel qu'il a été dit ci-deffus, articles VI & VII, les droits refpectifs de chacun defdits genres doivent néceffairement être réglés dans une proportion différente, & nous avons penfé que cette proportion devoit être déterminée d'après le goût que le Public témoigne plus pour un genre que pour un autre, & par conféquent d'après le concours plus ou moins grand des Spectateurs; & comme le genre des Opéras-bouffons paroît plaire au Public plus

plus généralement que les deux autres, &
foutenir un plus grand nombre de repréfentations fuivies, nous avons jugé néceffaire de fixer le droit des Auteurs, ainfi
qu'il fuit.

Les repréfentations des Pièces à Ariettes
feront libres tous les jours de la femaine,
excepté le Mardi & le Vendredi, fuivant
l'accord fait avec l'Opéra, par le Bail du
28 Septembre 1779, autorifé par Arrêt du
Confeil du 16 Octobre fuivant.

Les repréfentations des Opéras-comiques-
Vaudevilles, & des Comédies-Françoifes,
feront libres, quelque jour de la femaine
que ce foit; mais les Pièces de ces deux
derniers genres, ne pourront être jouées,
les trois premieres fois, que les Mardis &
les Vendredis.

14°. La part d'Auteur des Pièces à
Ariettes, fera d'un *neuvieme* pour les Pièces
en trois Actes & plus; d'un *douzieme* pour
les Pièces en deux Actes, & d'un *dix-
huitieme* pour les Pièces en un Acte.

C

Cette part d'Auteur fera partagée en deux moitiés, l'une pour l'Auteur des paroles, l'autre pour celui de la Mufique.

Les Parodies, de tel nombre d'Actes qu'elles foient compofées, feront toujours regardées comme Pièces d'un Acte, & leur honoraire fera fixé au *dix-huitieme*, tel jour de la femaine qu'elles foient données.

La part d'Auteur d'une Comédie Françoife, ou Opéra-comique-Vaudeville, va-
* riera fuivant les jours où cette Pièce fera donnée : les Mardis & les Vendredis, cette part fera d'un *neuvieme* pour les Pièces en trois Actes & plus, d'un *douzieme* pour les Pièces en deux Actes, & d'un *dix-huitieme* pour les Pièces en un Acte. Les autres jours de la femaine, lorfque lefdites Pièces feront donnnées avec, ou fans une Pièce à Ariettes quelconque, la part d'Auteur fera réduite à moitié, c'eft-à-dire, qu'elle fera d'un *dix-huitieme* pour les Pièces en trois Actes, d'nn *ving-quatrieme* pour les Pièces en deux Actes, & d'un *trente-fixieme* pour celles en un Acte.

Ces parts d'Auteurs, telles quelles foient, feront prifes fur la recette journaliere de la porte, & non point fur le produit des Loges à l'année. Les crédits des Loges louées journellement autres que les Loges louées à l'année, entreront dans la recette journaliere, & les Comédiens en compteront avec les Auteurs.

15°. Avant de tirer la part d'Auteur, on prélevera, fur la recette, le quart franc pour le quart des pauvres, & une fomme de 350 liv. pour les frais journaliers.

16°. Les Auteurs ne tireront point d'honoraires dans les repréfentations où la recette fera au-deffous de fix cens livres l'Eté, & de mille livres l'Hiver.

Les Mardis & les Vendredis feront exception à cette regle ; & il fuffira, ces jours-là, que la recette foit à cinq cens livres l'Eté, & à fept cens livres l'Hiver, pour que les Auteurs aient droit d'honoraires. L'Eté fe comptera depuis le 15 Mai jufqu'au 25 Novembre, & l'Hiver, depuis le 25 Novembre jufqu'au 15 Mai.

Les Auteurs auront droit d'honoraires pour chaque repréfentation de leurs Pièces, quand la recette excédera le taux marqué ci-deffus pour chaque faifon.

Les repréfentations où les Auteurs auront droit d'honoraires, s'appelleront repréfentations utiles ; celles où les Auteurs n'auront pas droit d'honoraires, s'appelleront repréfentations nulles.

17°. Lorfqu'une Pièce aura été repréfentée trois fois, il ne fera plus libre à l'Auteur de la retirer : les Comédiens en auront, dès cette époque, la propriété ufuelle pour l'employer fur le Répertoire, de la maniere la plus convenable à leurs intérêts.

Ne pourront cependant lefdits Comédiens, interrompre, dans fa nouveauté, le cours d'une Pièce dont les repréfentations feroient fuivies, fans le confentement des Auteurs ; mais ils pourront la retirer, même dans fa nouveauté, quand elle ne produira pas les

recettes qu'ils peuvent raisonnablement es-
pérer, eu égard à la saison. Ne pourront
de même les Comédiens, doubler les rôles
d'une Pièce dans sa nouveauté, sans le con-
sentement des Auteurs; & dans celles re-
prises, si quelqu'un a des raisons pour quitter
son rôle, ce dont le Comité jugera, le Comité veillera en même-temps à ce que l'on
ne discrédite point les Pièces en mettant
plusieurs Doubles à la fois, & que les principaux rôles ne soient pas doublés sans une
extrême nécessité, sur-tout les grands jours
de Spectacle.

18°. Pour dédommager les Auteurs autant qu'il est possible, de ce qu'ils ne par-
tagent point dans le produit des petites
Loges, nous voulons qu'ils conservent, pendant toute leur vie, les droits d'honoraires
dûs à leurs Pièces dans les *représentations
utiles*, sans que les interruptions que les
Pièces auroient éprouvées puissent leur porter préjudice; mais ils n'auront rien à prétendre dans toutes les *représentations nulles*,
même pendant la nouveauté de la Pièce.

19°. Le droit des Auteurs s'éteindra à leur décès, quand même les Pièces n'auroient point éprouvé de *repréſentations nulles:* on en exceptera les Pièces qui n'auront pas encore eu cinquante *repréſentations utiles,* pendant la vie de l'Auteur ; auquel. cas, ſes héritiers feront fubftitués à ſes droits pour leſdites Pièces, jufque & compris la cinquantieme *repréſentation utile*, après laquelle ils n'auront plus aucun droit.

20°. Ce Règlement aura lieu pour toutes les Pièces à venir : à l'égard des Pièces paf- fées, on confervera le droit des Auteurs établi par le préſent Règlement, à toutes celles qui, depuis qu'elles, font au Théâtre, n'ont point effuyé de *repréſentations nulles* au taux qui a été fuivi jufqu'à préſent, & toutes les autres feront cenfées tombées dans les regles, & appartiendront à la Co- médie.

21°. Les Auteurs auront droit de donner des billets le jour de la répréſentation de leurs Pièces, favoir : chacun pour deux perfonnes à l'Amphithéâtre, & deux perfonnes aux troifiemes Loges, fans diftinction de grande ou de petite Pièce. L'excédent du nombre paffé fera payé fur la part d'Auteur, ainfi que les billets de Parterre que les Auteurs demanderoient pour les trois premieres repréfentations d'une Pièce nouvelle, au-deffus du nombre de vingt, fixé pour les deux Auteurs, pour chacune des trois premieres repréfentations.

22°. Les Auteurs de deux Pièces en trois Actes, ceux de trois Pièces en deux Actes, ou de quatre Pièces en un Acte, auront leur entrée leur vie durant.

Les Auteurs des Pièces en trois Actes auront leur entrée pendant trois ans ; ceux d'une Pièce en un Acte, ou en deux Actes, auront leur entrée pendant un an feulement.

23°. Le droit d'entrée ne fera acquis aux Auteurs, que du jour où leur Pièce fera mife en répétition.

24°. Les Auteurs qui ont leur entrée en

jouiront dans toute la Salle, excepté aux premieres Loges qui ne font pas fur l'Amphithéâtre, aux fecondes Loges, aux troifiemes & au Parterre ; mais ils ne pourront envoyer perfonne pour garder leur place. Ordonnons aux Comédiens de ne porter aucun obftacle au droit accordé aux Auteurs par le préfent article, auquel il ne fera dérogé que dans le cas où un Auteur feroit convaincu d'avoir troublé le Spectacle par des cabales, ou des critiques Injurieufes ; auquel cas, voulons qu'il foit privé de fes entrées, après la preuve des faits produite par-devant Nous.

ARTICLE VIII.

Divers objets de Police intérieure.

1°. Ayant appris que plufieurs des Comédiens fe mettoient dans le cas de manquer au fervice effentiel de leur Théâtre pour aller jouer ailleurs, défendons très-expreffément à chacun d'eux de jouer, chanter, ou paroître en façon quelconque, fur au-

cun Théâtre que le leur, foit public ou particulier, dans Paris, ou hors de la ville,
fans que nous lui en ayons accordé la per-
miffion à chaque fois, laquelle fera infcrite
fur le Regiftre des délibérations, & ce,
fous peine de *cinq cens livres d'amende*.

2°. Tout Acteur qui, pour fe difpenfer
de jouer un jour où il y fera obligé, fuivant le Répertoire, prétextera une maladie,
s'il eft prouvé qu'il foit forti de fa maifon
ce jour-là, paiera *cent livres* d'amende.

3°. Ceux qui manqueront leur entrée, ou
qui ne feront pas prêts pour commencer
à l'heure indiquée, paieront une amende de
fix livres, ainfi que ceux qui, n'ayant pas
joué dans la premiere Pièce, fe feront attendre pour la feconde.

4°. Seront tenus, tous les Acteurs, ou
Actrices avertis pour une répétition, de s'y
trouver à l'heure indiquée, à peine de *trois
livres* d'amende, s'ils n'arrivent point à leur
Scène, & de *dix livres* s'ils viennent point
du tout. Le Semainier, préfent à la répétition, y veillera, comme il eft dit ci-de-

vant, & en fera refponfable en cas qu'il
y manque, ou faffe grace à quelqu'un.

5°. Le Comité étant principalement inf-
titué pour veiller continuellement à tout ce
qui peut intéreffer le bon ordre, la décence
& l'exactitude aux devoirs, ce qui forme
la police intérieure du Spectacle, nous lui
enjoignons de tenir la main à l'obfervation
des Règlemens précédens, relatifs à cette
partie de l'Adminiftration, & de nous rendre
compte de tout ce qui y feroit contraire:
ordonnons aux Semainiers d'y veiller de leur
côté, & de faire leur rapport au Comité
de tous les abus qui viendroient à leur connoiffance, déclarant que tous ceux qui défo-
béiront à nos ordres feront punis par amende,
ou autres peines.

6°. Le Comité aura foin de convoquer,
tous les fix mois, une Affemblée générale,
où tout le monde foit tenu de fe trouver,
fous peine de *ving-quatre livres* d'amende,
pour y faire la lecture du préfent Règlement, ainfi qu'il a été dit dans l'article
premier.

7°. Il fera remis tous les mois, au fieur Commiffaire général des Menus, un état exact des différentes amendes qui auront été impofées, & dont le Caiffier tiendra un Regiftre particulier, pour en être dif-pofé fuivant nos ordres, pour le bien géné-ral, à la fin de chaque année.

Signés, LE DUC D'AUMONT, LE DUC DE FLEURY, LE DUC DE RICHE-LIEU, LE DUC DE DURAS.

RÈGLEMENT
POUR L'ORCHESTRE.

Nous fouffignés, Comédiens Italiens ordinaires du Roi affemblés ; fur ce qui nous
a été repréfenté, & d'après ce que nous
avons été à portée de voir par nous-mêmes,
fur la quantité d'abus qui fe font introduits
dans notre Orcheftre, contre le bon ordre
& l'exécution du fervice, avons, fous le
bon plaifir & l'autorité de Noffeigneurs les
premiers Gentilshommes de la Chambre,
réglé & arrêté ce qui fuit :

SAVOIR:

1°. Chaque Muficien de l'Orcheftre fera
obligé de fe rendre à la Comédie à cinq
heures précifes ; & lorfqu'on aura fonné,
il fera tenu d'aller prendre fa place à l'Orcheftre pour y recevoir l'accord, à peine
de *trois livres* d'amende.

2°. Celui des Muficiens qui manquera l'ouverture, ou quelqu'autre morceau de Mufique, paiera de même *trois livres* d'amende.

3°. Il eft expreffément défendu de faire aucun prélude lorfque l'accord fera pris, même dans les entr'actes, ainfi que de broder ou jouer une autre partie que la fienne, à peine de *trois livres* d'amende.

4°. Il eft encore défendu aux Muficiens de quitter leur place à l'Orcheftre avant que la Pièce foit finie, ou au moins avant la fin de chaque Acte, fi la Pièce en a plufieurs, excepté dans le cas d'indifpofition fubite, rien n'étant plus indifcret & incommode, que de voir un feul Muficien en déranger plufieurs, troubler l'Acteur qui eft fur la Scène & l'attention du Public. Ceux qui contreviendront à cet article paieront *trois livres* d'amende.

5°. Ne pourront, les Muficiens de l'Orcheftre, demander aucun congé, ni mettre perfonne à leur place, rien n'étant plus nuifible à l'exécution de l'Orcheftre que l'abfence d'un Muficien ordinaire ; & ceux qui, malgré cette défenfe, s'abfenteront de la Comédie paieront chaque fois l'amende de *douze livres*, & feront privés de la gratification à la fin de l'année, excepté néanmoins dans le cas de maladie, dont le Muficien fera tenu d'informer le chef de l'Orcheftre, pour qu'il en inftruife les Semainiers, lefquels auront foin de conftater la vérité du fait.

6°. Les Muficiens auront l'attention de ne point tourner en ridicule, ni les ouvrages, ni les Auteurs qui paroîtront fur le Théâtre, vu qu'ils doivent toujours être neutres, & qu'il n'appartient qu'au Public de dire fon fentiment ; & comme cet article eft très-important pour le bien général & la décence du Spectacle, celui qui y contreviendra, paiera l'amende de *fix livres* pour la première fois, & fera remercié de fa place en cas de récidive.

7°. Il leur eft enjoint de fe rendre exactement à toutes les répétitions générales ou particulieres où ils feront invités, à peine de *fix livres* d'amende, payable par ceux qui y manqueront, excepté dans le cas de maladie notifiée, comme il eft dit ci-def-fus au chef de l'Orcheftre, & par lui, aux Semainiers, afin qu'ils puiffent s'affurer de la vérité.

8°. Les Mardis & les Vendredis, lorf-qu'il n'y aura point de Spectacles qui exi-geront que l'Orcheftre foit complet, les Semainiers & le chef de l'Orcheftre veille-ront à ce qu'il s'y trouve aumoins fix Violons, deux Baffes, une contre-Baffe, & une Quinte; & pour cet effet, le chef de l'Orcheftre remettra le Lundi ou le Jeudi au foir, aux Semainiers, le nom des Symphoniftes qui feront de fervice à tour de rôle le lendemain, afin qu'il foit conftaté qu'ils s'y rendront exactement : défendant à qui que ce foit d'envoyer à fa place un Symphonifte étranger.

9°. Chaque jour de Spectacle, le chef de l'Orcheftre rendra compte exactement aux Semainiers, & leur remettra la lifte

de ceux qui auront manqué, foit à la repréfentation, ou à la répétition, ou qui auront
encouru l'amende de quelque maniere que
ce foit, fous peine de payer lui-même une
amende de *fix livres*.

10°. Recommandons très-inftamment aux
Semainiers de tenir la main à l'exécution
des articles ci-deffus, & d'informer le
Comité de tout ce qui y feroit contraire,
à peine, en cas de négligence de leur part,
d'être refponfables de toutes contraventions
au préfent Reglement.

Fait à Paris, le trente Mars mil fept cent
quatre-vingt. *Signé*, LE MARÉCHAL DUC
DE RICHELIEU.

RÈGLEMENT

POUR LA DANSE.

No us souffignés, Comédiens Italiens ordinaires du Roi affemblés ; fur ce qui nous
a été repréfenté , & d'après ce que nous
avons été à portée de voir par nous-mêmes
fur la quantité d'abus qui fe font introduits dans le Ballet de la Comédie , &
jugeant néceffaire d'y pourvoir, avons, fous
le bon plaifir & l'autorité de Noffeigneurs
les premiers Gentilshommes de la Chambre,
réglé & arrêté ce qui fuit :

S A V O I R :

1°. Seront tenus , les Danfeurs, Danfeufes,
Figurans , ou Figurantes , compofant le
Ballet de la Comédie Italienne, de fe trou-

D.

ver exactement à l'exécution des Ballets où ils feront employés , fous peine de payer une amende de *douze livres*, excepté le cas de maladie, de laquelle il doit être rendu compte au Maître des Ballets , pour qu'il en informe les Sémainiers, lefquels auront foin de conftater la vérité du fait.

2°. Les Danfeurs & Danfeufes feront de même obligés d'affifter à toutes répétitions quelconques , générales ou particulieres qui leur feront indiquées , à peine de *trois livres* d'amende pour ceux qui manqueront l'heure dite , & de *fix livres* pour ceux qui manqueront tout-à-fait.

3°. Défenfes font faites aux Danfeurs, Danfeufes , &c. d'exiger leurs habits de Danfe avant fept heures du foir , & aux Magafiniers de leur livrer lefdits habits avant l'heure dite, à peine de *fix livres* d'amende, excepté néanmoins le cas où il y auroit Ballet à la premiere, ou la feconde Pièce.

4°. Recommandons expreſſément aux Danſeurs, Danſeuſes, qui ſe tiendront dans le Foyer en attendant le Ballet, de s'y comporter avec décence, & de ne point troubler le Spectacle par des ris immodérés, à peine de *trois livres* d'amende.

5°. Les parens des Danſeurs ou Danſeuſes, ſoit peres meres, freres ou ſœurs, &c. ne paroîtront point dans les couliſſes, ni au Foyer de la Comédie, ſous aucun prétexte que ce ſoit ; & ceux des Danſeurs ou Danſeuſes qui s'oppoſeront à l'exécution du préſent article, ſeront à l'amende de *trois livres :* défendons pareillement aux Demoiſelles Danſeuſes d'amener avec elles plus d'une ſeule perſonne pour ſe faire habiller.

6°. Ordonnons très - expreſſément aux Semainiers de tenir la main à l'exécution des articles ci - deſſus, & d'informer le Comité de tout ce qui y ſeroit contraire, à peine, en cas de négligence de ſa part,

d'être responsable de toutes contraventions faites au présent Règlement.

Signé, LE MARÉCHAL DUC
DE RICHELIEU.

EXTRAIT

DES REGISTRES

DU CONSEIL D'ÉTAT

DU ROI.

Le ROI s'étant fait rendre compte de l'état actuel des affaires de la Société des Comédiens Italiens ordinaires de Sa Majesté, depuis qu'il lui a plu d'accorder à ladite Société des Lettres - Patentes le 31 Mars 1780, qui reglent les conditions sous lesquelles elle doit subsister, & Sa Majesté étant informée qu'il a été présenté, soit avant, soit depuis lesdites Lettres - Patentes, un grand nombre de Pieces à Ariettes, de Comédies Françoises & d'Opéras-Comiques en Vaudevilles, à la réception desquelles on n'a pas apporté

un examen affez refléchi, enforte qu'il y
a déja plufieurs de ces Pieces qui ont été
mal accueillies du Public lors de. leur repréfentation, & qu'il eft à craindre que
plufieurs autres qui n'ont pas encore été
jouées, n'éprouvent le même fort, ce qui
eft également contraire à l'amufement du
Public, & préjudiciable aux Auteurs & aux
Comédiens. Dans ces circonftances, Sa Majefté auroit penfé qu'il n'y avoit pas de
moyen plus fimple, ni plus efficace pour
prévenir cet inconvénient à l'avenir, que
d'ordonner qu'il foit procédé de nouveau
à la lecture de toutes ces Pieces, pour être
examinées avec le plus grand foin, & enfuite reçues, s'il y a lieu. A quoi voulant
pourvoir, oui le rapport, le Roi étant en
fon Confeil, a ordonné & ordonne ce qui
fuit :

ARTICLE PREMIER.

TOUTES les réceptions faites jufqu'à ce
jour par les Comédiens Italiens ordinaires
de Sa Majefté, de Pieces non encore jouées,

feront regardées, en vertu du préfent Arrêt, comme nulles & non avenues. Pourront néanmoins les Auteurs defdites Pieces, les repréfenter de nouveau à la lecture. Veut & entend Sa Majefté que la lecture de toutes lefdites Pieces, ainfi que de celles qui feront préfentées par la fuite, foit faite à l'Affem-blée du Comité, qui, après les avoir exami-nées avec la plus grande attention, jugera fi elles doivent être acceptées ou refufées.

ARTICLE II.

LES Pieces qui feront reçues après ce nouvel examen, conferveront entr'elles le même rang d'ancienneté qu'elles avoient auparavant, & les Auteurs dont les Pieces feront refufées à une nouvelle lecture, acheveront le temps de leurs entrées, comme leur ayant été acquifes par la ré-ception qui en auroit été ci-devant faite. Mande & ordonne Sa Majefté aux premiers Gentilshommes de fa Chambre, & au Commiffaire de la Maifon du Roi, ayant

le département des Menus, ou fon repréfentant, de tenir la main chacun en droit
foit, à l'exécution du préfent Arrêt. Fait
au Confeil d'Etat du Roi, Sa Majefté y
étant, tenu à Verfailles le vingt Juillet mil
fept cent quatre-vingt-un.

Signé, AMELOT.

CPSIA information can be obtained
at www.ICGtesting.com
Printed in the USA
BVHW040610220119
538356BV00004B/63/P

9 780483 177628